O produtor da Tropicália

**Manoel Barenbein e os álbuns
de um movimento revolucionário**

Renato Vieira

Garota FM
BOOKS

Copyright © 2022 Renato Vieira
Edição Garota FM Books
www.garotafm.com.br | contato@garotafm.com.br

Todos os direitos reservados e protegidos pela Lei 9.610 de 19.2.1998. É proibida a reprodução total ou parcial deste livro através de meio eletrônico, fotocópia, gravação e outros sem a prévia autorização da editora.

Direção editorial: Chris Fuscaldo
Revisão ortográfica: Luciana Barros
Capa e ilustrações: Renan Valadares
Diagramação: Lionel Mota

A primeira edição deste livro foi viabilizada através de financiamento coletivo em www.catarse.me/tropicalia_crowdfunding.

Coordenação: Chris Fuscaldo | **Design:** Renan Valadares | **Assessoria de imprensa:** Ana Paula Romeiro | **Assessoria financeira:** Marco Konopacki |

Dados Internacionais de Catalogação na Publicação (CIP)
(Câmara Brasileira do Livro, SP, Brasil)

```
Vieira, Renato
   O produtor da Tropicália : Manoel Barenbein e os
álbuns de um movimento revolucionário / Renato
Vieira. -- Rio de Janeiro : Garota FM, 2022.

   ISBN 978-65-994524-6-8

   1. Barenbein, Manoel, 1942- 2. Músicos - Brasil -
História 3. Registros sonoros 4. Tropicalismo
(Movimento musical) 5. Tropicalismo (Música) - Brasil
6. Tropicalismo - História I. Título.

22-133688                               CDD-781.630981
```

Índices para catálogo sistemático:

1. Tropicalismo : Música popular brasileira
   781.630981

Cibele Maria Dias - Bibliotecária - CRB-8/9427

O produtor da Tropicália

Manoel Barenbein e os álbuns de um movimento revolucionário

1ª edição
Rio de Janeiro (RJ)
2022

Garota FM BOOKS

O produtor da Tropicália na rede

Acesse a página do livro para ter mais informações e notícias referentes ao conteúdo.
Use o código acima ou vá direto em www.garotafm.com.br

Todos os esforços foram feitos para entregarmos o conteúdo o mais correto possível. Correções poderão ser publicadas na página do livro, no site da editora. Sugestões, favor entrar em contato através do e-mail contato@garotafm.com.br

Patrocínio

TORRE Comunicação e Estratégia
Brasília (DF)
Contato: (61) 99213-3350
www.torrece.com.br
Linkedin.com/company/torre-comunicação-e-estratégia

Apoio Cultural

FG CIDADANIA ITALIANA

Excelência em cidadania italiana por via judicial
São Paulo (SP)
Contato: (11) 93318-7273
e (11) 95436-5700
www.fgcidadania.com.br
Instagram.com/fgcidadaniaitaliana
Facebook.com/fgcidadania

São Paulo (SP)
Contato: (11) 3287-0973
www.bcor.adv.br
Linkedin.com/company/bcor-bonaccorso-cavalcante-oliveira-e-ristow-advogados

BONACCORSO, CAVALCANTE, OLIVEIRA e RISTOW
SOCIEDADE DE ADVOGADOS

BARRAVENTO artes
a agência da música brasileira contemporânea

São Paulo (SP)
Contato: (11) 3259-0808 / (11) 99485-1903
www.barraventoartes.com.br
Instagram.com/barravento.artes

Comércio e Locação de Plantas Ornamentais
São Paulo (SP)
Contato: (11) 3849-8377 / (11) 99623-5879
www.ninfaflores.com.br
Instagram.com/ninfaflores1950

NINFA
desde 1950

Apoio Cultural

SALA 33

Liberdade para suas ideias
Marília (SP)
Contato: (14) 3301-1584
www.sala33.com.br
Instagram.com/sala30e3

Rio de Janeiro (RJ)
www.discobertas.com.br
Facebook.com/discobertas
Instagram.com/discobertas

discobertas

KUARUP

São Paulo (SP)
www.kuarup.com.br
Facebook.com/kuarupprodutora
Instagram.com/kuarupprodutora
Youtube.com/kuarupmusica

Psico BR Discos & Posters
Campinas (SP)
Contato: (19) 99113-7033
www.psicobr.com.br
Instagram.com/psicobrdiscos

Apoiadores

Alan James
Albert Fagundes
Alessandro Ferrony
Alexandre Antônio Gomes
Alexandre Alves
Alexandre Prochnow
Alexsandro Ferreira Correa
Allan Büchi
Allan Lopes da Eira
Ana Carolina Leite Pimentel
Ana Carolina Santos Resende e Silva
Ana Elizabete Feitosa de Britto
Ana Luiza Farias
André Franciosi
Andreia Moura Vieira
Antônio Fernando de Castro Andrade
Antônio Ferreira
Axel Johnny Barandas
Ayeska Farias
Ayrton Mugnaini Junior
Bernardo Leão
Bernardo Prado Lopes Palmeiro
Beto Feitosa
Bruna Paulin
Bruno Araujo de Barros
Bruno Cezar de Sousa Teixeira
Bruno Gomes Barbosa
Bruno Mota Quadros
Bruno Ortiz Machado
Bruno Rabelo de Souza
Caio Graco Santos Lobo
Caio Lorenzo Daniel Roncisvalle
Camilo Rezende Lacerda
Carlos Augusto Campos
Carlos Eduardo Barbosa Corrêa
Carlos França
Carlos Okimoto
Carlos Thomaz do Prado Lima Albornoz
Ceci Alves
Celso Chagas
Chico Alencar Filho
Chupa Manga Records
Claudia Gomes
Claudio Finzi Foá
Cláudio José da Rocha
Coralyne Sweetie
Creso Mazzinghy Lages Lacerda
Cristiano Leão
Dagoberto Macedo
Daniel Cleverson Pedroso
Daniel Molina Recco
Danilo Casaletti
David Mcloughlin
David Pokorski
Dé Palmeira
Débora Zanetti Ferreira Lopes
Delzio Marques Soares
Diego Morsoletto Cardoso
Dirceu Guerra Martins
Duane Santos
Eclair Antonio Almeida Filho
Edmundo Leite
Edu Luke
Eduardo Kolody Bay
Eduardo Lemos Martins
Eduardo Tavares de Carvalho
Eduardo Távora Furtado
Elton Carlos Rodrigues Loureiro
Emiliano Urbim
Fabiano Ferfoglia Ribeiro
Fabio Bello Salgado
Felipe Brust
Felipe Cordeiro
Felipe Lucena
Felipe Milach
Felipe Pessoa Ferro
Fernando Antonio Oliveira Rolim
Fernando Dasilva
Fernando Tavares
Francisco Almeida
Francisco Henrique Ribeiro
Gabi Santiago
Gabriel Franco
Geovana Pagel
Gerardo Barbosa
Gian Uccello
Gilberto Pirajá Martins Jr.
Gilson Bressan
Guilherme Manhães
Guilherme Ribeiro
Guilherme Vieira
Gustavo Carneiro Monteiro dos Santos
Gustavo Gualda Pereira Contage
Helion Póvoa Neto
Henrique de Freitas Parreira
Henrique Kurtz
Hugo José de Oliveira Agrassar
Igor Pimenta
Ilce Vieira Lage
Ivan Luis Lima Cavalcanti
Ivan Vieira
Jackson Graziano
Jamira Lopes
Jefferson Alves de Lima
Jesus Pacheco
João Walter Cotrim
Jorge Duarte
Jose Alexandre Chaves Algranti
Joyce Silveira Moreno
Júlio César Leandro
Karoline Andrade Rocha

Laís Maria Rosal Botler
Laura Maia de Castro
Leandro Laurino Arraes
Lena Lebendiger
Leonardo Davino de Oliveira
Leonardo Dias
Leonardo José Melo Brandão
Lucas Corrêa Viegas
Lucas Pitwak Menezes Rosa
Lucas Vieira
Luciana Barreto de Almeida
Luciano Aparecido Geraldo Alves
Luciano Matos/ El Cabong
Luciano Prado Aguiar
Lucio Fernandes Costa
Luigi Giovanni Medori
Luís André Bezerra de Araújo
Luisa Lamarão
Luiz Aleixo Fonseca
Malena Oliveira
Malvina Szwarzfitter
Manuel Mindlin Lafer
Marcel Victor Zimmermann do Amaral
Marcelo Munhoz
Márcia Fráguas
Marco Bardelli
Marco Goulart Forte
Marcos Cavalcanti Dantas
Marcos Trindade
Marcus Alemão
Marcus Antonius Soares da Silva
Marcus Vinicius Preto Lopes
Maria Luiza Kfouri
Maria Rita Galvão Lobo
Marilia Gabriela Silva da Cruz
Marise Dias
Marta Pereira Mendonça
Mauricio Bouskela
Maurício Gouvea
Maurício Guilherme Silva Júnior
Maurício Pio Ruella
Mirele Carolina Werneque Jacomel
Nanci Elizabeth Oddone
Natália Forni
Nathalia de Carvalho Pereira
Nilton Segnini Bossolan
Norma Farias Vieira
Óbvio pós-TV
Olga Bagatini
Onildo Júnior
Otacilio Ferreira de Melo Filho
Otávio Augusto Brioschi Soares
Paola Nerone
Patricia Santos Resende e Silva
Paulo Abraão de Almeida Pinto
Paulo Cesar de Araújo
Paulo Roberto
Paulo Serau
Paulo Victor Bezerra
Pedro de Paula Nogueira Ramos
Pedro Monza
Pedro Santini Vieira
Pedro Só
Pena Schmidt
Peter Van Veen
Petronio B Correa
Rádio Graviola
Rafael Dal-Ri
Rafael Leite Mora
Rafael Pedro
Raildo de Omena Vasconcelos
Raphael Fernandes
Raphaela Bellinati
Raquel Gabel
Renan Valadares
Renato Maia
Renato Omelczuk Loschiavo
Renato Ruas Pinto
Ricardo Alexandre
Ricardo Lima do Amaral
Ricardo Schott
Ricardo Wagner Montenegro Liebmann
Richard Barros
Roberto Lobão
Roberto Panarotto
Rodrigo Augusto do Nascimento Ribeiro
Rodrigo Correa Pacheco
Rodrigo Machado
Rodrigo Nogueira Reis
Ronaldo Preteli
Rony Medeiros
Rubens Micheloni
Sarah Mirella
Sebastião Nascimento
Sergio de Oliveira
Sergio Jomori
Sergio Torres
Sidclay Pereira
Sidney Gomes e Silva Neto
Silvio Essinger
Spectro Records
Tássio Rafael Machado Tinôco de Sousa
Thiago Lucena de Paula Afonso
Thiago Marques Luiz
Thiago Oliveira de Almeida
Thomaz Gaio Santos Soriano
Tiago de Souza Cachoni
Tiago Silva Marques
Tito Guedes
Tom Gomes
Túlio Velho Barreto
Ubiratan Brasil Matta
Victor Grinbaum
Victor Wanderley
Vinícius Carvalho Lima
Vinícius Dias Villar
Vinicius Limaverde Forte
Willians Cesar

Índice

Prefácio 14
Manoel Barenbein por Renato Vieira 18
Os Artistas Tropicalistas
Tropicália ou Panis et Circencis 22
Caetano Veloso 34
Gilberto Gil 54
Gal Costa 68
Mutantes 80
Rogério Duprat 94
Nara Leão 102
Além da Tropicália
Chico Buarque 110
Claudette Soares 128
Erasmo Carlos 138
Jair Rodrigues 148
Jorge Ben 158
Maria Bethânia 170
Ronnie Von 180
João Gilberto, Caetano e Gal 188
Posfácio 198
Agradecimentos Renato 202
Agradecimentos Manoel 204

Prefácio

Por Gilberto Gil

Logo que fui contratado pela Companhia Brasileira de Discos, Manoel Barenbein foi escalado para ser o produtor de minhas gravações e de outros colegas durante o período da Tropicália. Eu ainda era um neófito e não tinha noções muito claras do que seria a perspicácia de um produtor, a não ser que ele seria a pessoa responsável por fazer o intermédio entre o meu mundo e a gravadora.

Ao lado de Caetano Veloso, Gal Costa, Jorge Ben (que ainda não assinava Jorge Ben Jor), os Mutantes e Nara Leão, também contratados da gravadora, passei a conviver com Manoel. Todos nós o víamos como uma pessoa divertida e jovial. Ele também é da nossa idade, alguns meses mais novo que eu. Apesar de ele vir de Ponta Grossa, no Paraná, e eu da Bahia, falávamos a mesma língua. Ele não era nada circunspecto, nada formal. Naquele momento da Tropicália, Manoel era um de nós, colocava a colher na massa do bolo da mesma maneira.

Jamais tivemos conflitos justamente porque ele entendeu a nossa proposta. Eu confiava plenamente nele, e as sessões de gravação nesse período da Tropicália eram um grande aprendizado, cada dia uma aula diferente. Manoel nos ajudou a fazer os discos da forma que queríamos e incentivou a exploração de novos territórios sonoros.

E tínhamos liberdade: no meu segundo disco solo (*Gilberto Gil*), de 1968, aquele em que visto um fardão da Academia Brasileira de Letras, gravei com Os Mutantes a música "Pega a Voga, Cabeludo", e no meio cantamos "Manoel, para de encher", enquanto Rita Lee disse "Manoel, me dá um cri cri". Ele era muito profissional, mas também estava ali para se divertir. Entre nós, sempre houve pérolas de afetividade.

Quando eu e Caetano saímos da prisão, após sermos detidos pela ditadura militar, fomos para Salvador e permanecemos em regime de confinamento; não poderíamos sair da cidade. Manoel foi até lá não só para fazer discos conosco (*Gilberto Gil e Caetano Veloso*, 1969), mas também para se alinhar a nós. Aquelas sessões de gravação foram de certa forma uma restauração do ambiente artístico do qual participamos ativamente em São Paulo.

Rogério Duprat, maestro e arranjador, também foi uma pessoa importante nesse período, assim como André Midani, presidente da gravadora. Eles permitiram que nós continuássemos sendo tropicalistas mesmo depois daquele sacolejo violento que tinha sido nossa prisão em São Paulo, no fim de 1968.

Apesar daquele momento de tensão em minha vida, que acabou resultando no exílio, vejo que o disco que gravamos em Salvador avança em relação a tudo que havia sido feito no Tropicalismo, incluindo três canções relacionadas à tecnologia: "Cérebro Eletrônico", "Vitrines" e "Futurível". Acho que esse álbum é bem mais arrojado do que aquilo que fiz anteriormente. Manoel, assim como Duprat, foi fundamental nesse processo, e guardo com carinho os momentos que passamos juntos nos estúdios de gravação.

Neste livro, Manoel fala de seu trabalho como produtor a Renato Vieira e relembra vários momentos daquele tempo em que trabalhamos juntos. Uma bela maneira de perpetuar o legado de uma pessoa admirada por todos nós.

Aquele abraço, Manoel!

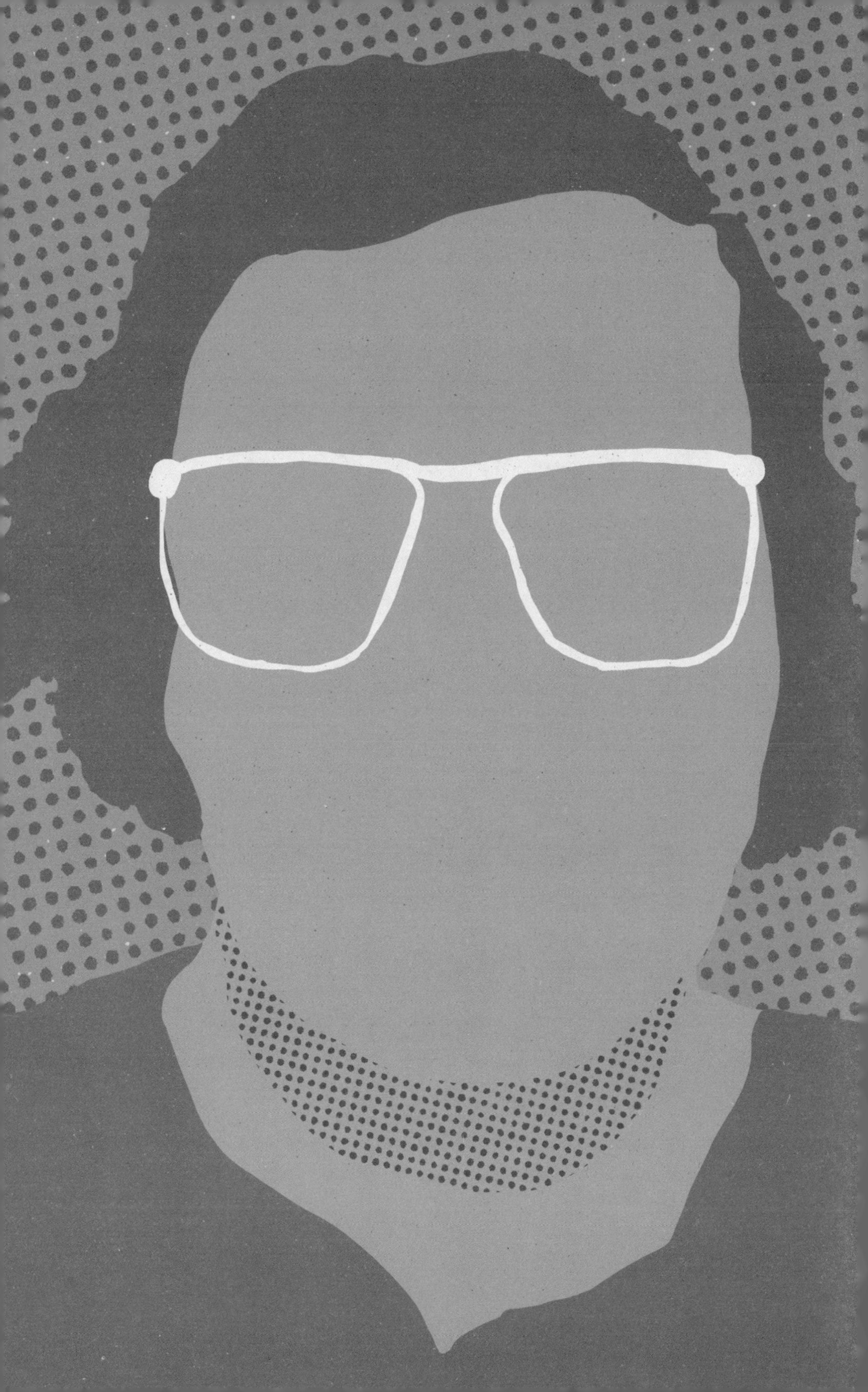

Manoel Barenbein
Por Renato Vieira

"Viva o Mané", brada Erasmo Carlos na gravação de "De Noite na Cama". "E vai acabando, Manoel, e eu tô de olho nela", afirma Jorge Ben no finalzinho de "Oba, Lá Vem Ela". "Eh, Manoel, para de encher!", cantam Gilberto Gil e Os Mutantes em "Pega a Voga, Cabeludo". "Mané Berimbau, com seus braços urgentes, foi um produtor eficiente", escreveu Chico Buarque na contracapa de seu primeiro disco.

Mané e Manoel são a mesma pessoa: o produtor musical Manoel Barenbein, um homem que sempre gostou de estar nos bastidores e nunca foi fã de camarins pós-show. Mas nomes fundamentais da música brasileira o citaram com carinho e respeito. Até mesmo o "para de encher" era mais uma brincadeira de estúdio do que um pito. Nascido em Ponta Grossa, no Paraná, em 7 de setembro de 1942, Barenbein se mudou para São Paulo ainda criança. O primeiro emprego dele foi o de office boy na gravadora RGE, para onde foi levado pelo radialista Walter Silva, o Pica-Pau. Lá, ele se reportava a José Bonifácio de Oliveira Sobrinho, o Boni, que posteriormente seria diretor todo-poderoso da TV Globo.

Após se transferir para o cargo de divulgador na mesma empresa, o jovem começou uma trajetória profissional de mais de 50 anos ligada à música e à indústria fonográfica, tornando-se testemunha privilegiada de vários fatos importantes da MPB. Depois de passar pelo departamento de divulgação das gravadoras Continental e Musidisc, Barenbein foi convidado por Silva para auxiliá-lo na produção de shows de bossa nova no Teatro Paramount. Foi naquele palco que ocorreu a apresentação *Dois Na Bossa*, reunindo Elis Regina, Jair Rodrigues e o Jongo Trio. Quem ler a ficha técnica do álbum de 1965 com o registro do espetáculo verá que um dos técnicos de gravação foi Manoel Barenbein.

Com 23 anos, Barenbein foi chamado por Cassiano Gabus Mendes, então chefe da TV Tupi de São Paulo, para ser o diretor musical da emissora. O convite foi aceito, mas a permanência no posto foi curta: Barenbein tinha o desejo de produzir discos. O primeiro deles foi de um violonista que estava começando a carreira chamado Antonio Pecci Filho, o Toquinho. Barenbein, que chegou a pegar algumas aulas de violão com o músico até reconhecer que não levava jeito com o instrumento, foi à luta: propôs ao dono de uma firma de jingles que cedesse o estúdio da produtora e, caso a fita fosse vendida para uma grande gravadora, eles dividiriam o valor.

A gravadora Fermata se interessou, lançou o álbum *A Bossa de Toquinho* (1966), e Barenbein foi convidado a ser assistente de produção de Júlio Nagib na RGE, para a qual levaria um estudante de Arquitetura que tinha um punhado de músicas chamado Chico Buarque. E, ao mesmo tempo em que era o produtor de Chico, da cantora Claudya e do Zimbo Trio – todos com forte influência do samba e da bossa nova –, Barenbein dirigia os discos de Erasmo Carlos, figura central da Jovem Guarda que estava estourado com os hits "Vem Quente Que Eu Estou Fervendo" e "O Caderninho".

O grande salto profissional de Barenbein ocorreu no segundo semestre de 1967, quando foi convidado pela Companhia Brasileira de Discos, a Phonogram, para ser produtor e gerente artístico da gravadora em São Paulo. Sua primeira missão: gravar 23 das 36 músicas que fariam parte das eliminatórias do Festival da Record de 1967 para lançá-las em três LPs. Começaria ali sua aproximação artística com Caetano Veloso, Gal Costa, Gilberto Gil e Os Mutantes, o centro gravitacional da Tropicália.

Com exceção do primeiro álbum de Tom Zé, que saiu pelo

selo AU - Artistas Unidos , Barenbein produziu todos os discos tropicalistas que foram lançados pela Phonogram, incluindo o projeto coletivo *Tropicália ou Panis et Circencis* (1968).

Neste livro, que tem como base as entrevistas que Barenbein deu ao podcast *O Produtor da Tropicália*, da série *Discoteca Básica Apresenta* – com edições, acréscimos e correções de informações para tornar a leitura mais fluida –, ele fala sobre o relacionamento com os artistas, a importância de um bom repertório e, principalmente, como foi produzir alguns discos que marcaram a cultura brasileira. E a vida de todos nós.

Como diz Erasmo, "viva o Mané"!

Aponte o celular e ouça o podcast *O Produtor da Tropicália*

OS ARTISTAS TROPICALISTAS

Nesta primeira parte do livro, Manoel Barenbein responde a perguntas sobre o álbum *Tropicália ou Panis et Circencis* e relata o convívio com os artistas que participaram desse disco histórico – Caetano Veloso, Gilberto Gil, Gal Costa, Mutantes, Rogério Duprat e Nara Leão –, além de comentar as gravações antológicas deles que produziu.

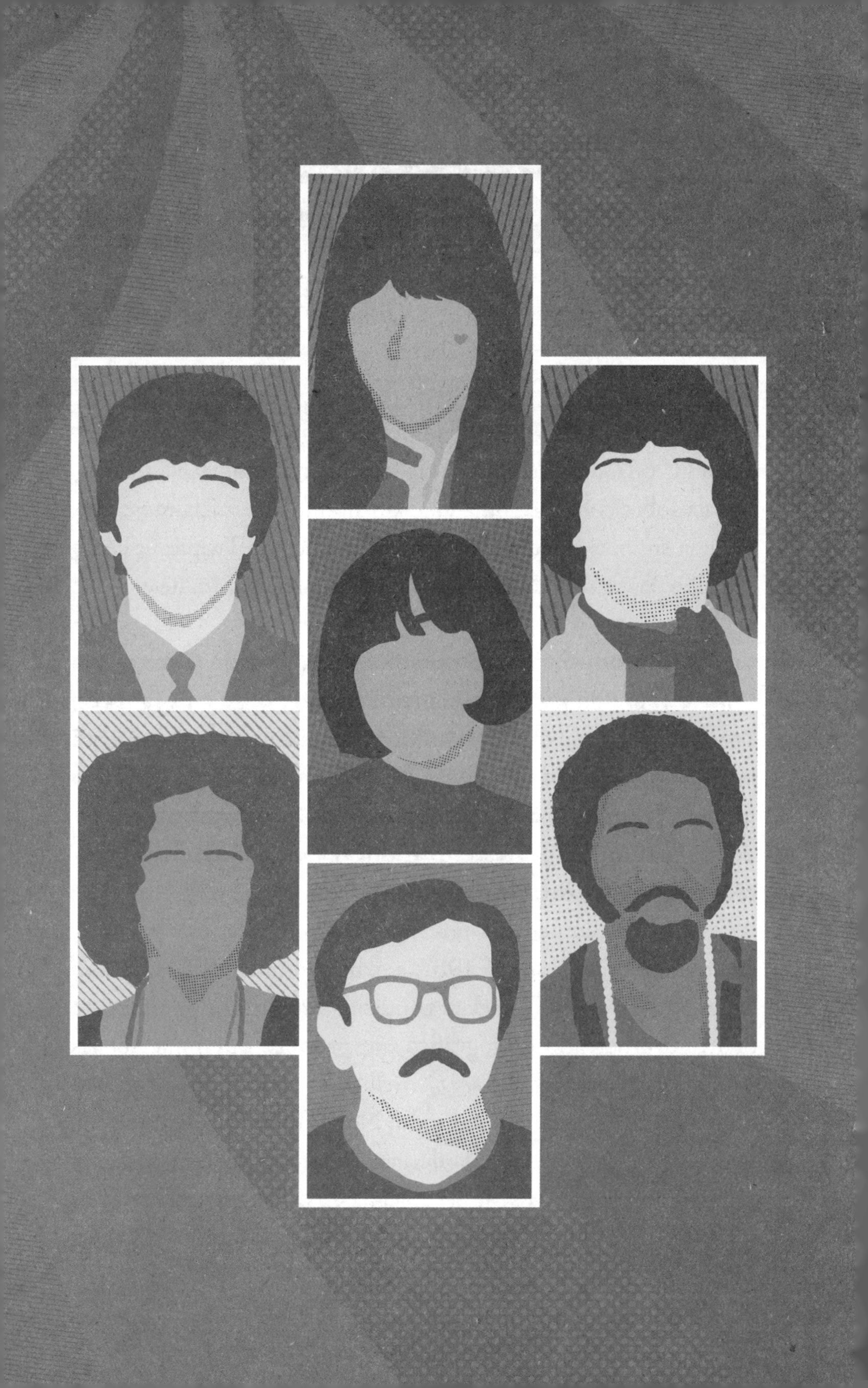

Tropicália ou Panis et Circencis

Manoel Barenbein foi o produtor de *Tropicália ou Panis et Circencis* (1968), disco emblema do movimento tropicalista. Aqui, ele fala sobre como surgiu a ideia do álbum, que inicialmente seria uma simples coletânea na linha "o melhor da Tropicália", e do trabalho em estúdio com os artistas que participaram dele.

Você era produtor da Companhia Brasileira de Discos, que tinha o selo Philips, do qual praticamente todo o pessoal da Tropicália era contratado. A única exceção era Tom Zé. E você já tinha produzido um disco do Gil e um disco do Caetano quando *Tropicália ou Panis et Circencis* foi gravado, em maio de 1968. Como surgiu a ideia de juntar todo o movimento tropicalista dentro de um disco só?

A história começa na terceira edição do Festival de Música Popular Brasileira, em 1967, a explosão musical de Caetano Veloso e Gilberto Gil mexeu com toda estrutura por aí. Existe dentro do mercado discográfico um produto que pode ser *As Mais Mais, As Mais Vistas, O Melhor da Bossa Nova, The Best of Rock and Roll* e assim vai indo. Nós tínhamos Caetano, Gil, Gal e Os Mutantes, que poderiam já formar esse disco (com nomes representativos da Tropicália). Aí veio a ideia: vamos fazer uma compilação deles. Conversa com Caetano, conversa com Gil, a gente iria usar algumas coisas que estavam gravadas e foram utilizadas em outros discos. Mas as primeiras duas que iriam ser gravadas eram do Gil. Liguei para o Gil e perguntei: "Tá tudo certo aí? Quando a gente pode começar?". Ele respondeu: "Quando você quiser". Eu disse que gostaria de começar na segunda-feira, mas ele pediu para ser no domingo porque na segunda ele viajaria para a Bahia. Falei que tudo bem e que iria combinar com os Mutantes e com Stélio Carlini, que era técnico de som. Chegamos no estúdio Scatena no comecinho da tarde. O Arnaldo (Baptista), dos Mutantes, veio com uma febre daquelas de 40 graus. Stélio deixou seu bem-bom de Santos para vir a São Paulo. Só que Gil não apareceu, aí eu, depois de quase duas horas, falei: "Pessoal, vou embora. Arnaldo, vai para casa se cuidar. Stélio, desculpe. Não temos o que fazer". Eu fui para o teatro da TV Record, que naquela noite iria apresentar o programa *Esta é Sua Vida*, no caso homenageando Elis Regina. O presidente da companhia, Alain Trossat, estava presente e perguntou do disco. Falei que não sabia o que iria acontecer porque Gil não apareceu para gravar, que tentei contato por telefone e não consegui falar. Aí ele falou: "Bom, vamos cuidar de Elis Regina". No meio da história toda chega Guilherme Araújo, empresário de Caetano e Gil, pedindo desculpas porque Gil não foi e tal. E contou que Gil e Caetano queriam conversar comigo quando eu saísse do Teatro Record. Falei: "Tudo bem. Vamos lá". Lá vou eu, sento à mesa para bater um papo com eles. E aí eles me contaram que praticamente não dormiram porque foram num jantar e lá começou um bate-papo criativo de mudar toda a concepção desse disco. Seria realmente um disco de vários artistas, vários cantores, só que o repertório seria todo novo, com a divisão de quem ia cantar, se era Caetano, se era

Gil, se eram Caetano e Gil juntos, se era Gal, se eram os Mutantes. Isso tudo eles praticamente definiram naquela noite.

Por isso eles ficaram dormindo e não foram...

Exato. Vi a explicação e o desenho do que era o LP e falei: "Tudo bem, vamos gravar". Porque estava na cara que a gente ia começar alguma coisa diferente dentro do mercado (de discos).

Inclusive no livro do Caetano, *Verdade Tropical*, ele fala muitíssimo bem de você, que você comprou a briga dos tropicalistas "com carinho e determinação". O que ele quer dizer com isso, que briga exatamente foi essa?

Eu assumi o que eles estavam fazendo, assumi a ideia e lutei por ela para que ela se realizasse dentro daquilo que tinha sido combinado. Sei hoje que Caetano e Gil têm restrições ao que a gente fez, porque podia ter feito isso, aquilo... Claro, poderia ter e poderia ser, ser, ser e ser. A gente estaria tentando gravar até hoje. Pessoas criativas já saem do estúdio e já pensam em alguma coisa que podia ter sido feita. Eu uso a palavra "luta", porque foi lutar por aquilo, não foi brigar por aquilo. Aquilo era um objetivo que, estou falando de mim, eu queria alcançar. Então, não é brigar, era lutar para chegar naquele objetivo.

E dentro da gravadora houve resistências? Como o disco foi discutido internamente?

Quando você cria alguma coisa que sai fora dos parâmetros do que vinha sendo feito vai encontrar gente que vai gostar e gente que não vai gostar, que vai achar que não tem nada a ver, o purista que vai dizer "pô, guitarra elétrica". Aí o purista que dizia para mim "guitarra elétrica"... Então vamos tirar o microfo-

> *Eu assumi o que eles estavam fazendo, assumi a ideia e lutei por ela para que ela se realizasse dentro daquilo que tinha sido combinado.*

ne. Microfone é elétrico. A única coisa que a gente fez e que não deixou de fazer foi música brasileira. Essa resistência das pessoas era normal. Eu tinha que vencer até que as pessoas entendessem o que era aquilo. E foi assim.

Pelo que você conta, o conceito já foi entregue pronto para você. Não teve nenhum tipo de interferência?

Não, porque eles já criaram tudo. Eu não tinha absolutamente nada a acrescentar. O que eu tinha que fazer era pegar aquilo que eles criaram e colocar num formato de disco, que tivesse as condições para fazer aquilo que eles desenharam. O (maestro) Júlio Medaglia diz: "Não, mas você colocou o dedo". Claro, eu não era um poste parado não fazendo nada. Também participei, dei sugestões, mas isso porque nós éramos um grupo e não era só eu dizer "vai ser assim". Não. Era "tenho essa ideia aqui, o que vocês acham?". E tudo que eu falei sempre foi aprovado, graças a Deus.

Mas eu sei que tem uma faixa pela qual você tem muito carinho dentro do disco que é "Panis et Circenses", inclusive o título completo do disco é *Tropicália ou Panis et Circencis*, que é uma faixa interpretada pelos Mutantes. Até hoje é uma gravação super reconhecida e você, no final da gravação, participa daquela encenação das pessoas na sala de jantar. Você pede para "passar a salada". A gravação dessa música é muito emblemática para você.

Sim, porque a gente mudou muitas das coisas do normal, além de tecnicamente a gente ter mexido em coisas, e, aí, a criatividade dos Mutantes é impecável. E uma das coisas que teve, que para mim é importante, é que a gente colocou dentro do disco uma cena de radionovela. Tentem imaginar uma novela sem a imagem, só com o som correndo e as pessoas reunidas numa sala de jantar. O que você vai ouvir? As pessoas conversando, alguém pede a salada, o outro pede o pão. Sabe? Aí garfo e faca batem, o prato bate. É isso, fazer uma materialização do que diz a música.

E como surgiu a ideia de você participar da faixa com sua voz?

Todo mundo participou, o único que acho que não participou foi o técnico. Tinha que dar a impressão de que tinha muita gente na sala de jantar.

Uma faixa bem representativa do disco é "Coração Materno", lançada pelo Vicente Celestino em 1950 com a característica de opereta, muito trágica e que representava uma temática que tinha a ver com o melodrama, algo que a Bossa Nova parecia ter sepultado. Como essa música se insere dentro do disco?

É uma música que entra dentro do conceito (do álbum) de ser diversificado. Abre o disco uma música chamada "Miserere

Nobis", ou seja, tenha misericórdia de nós. Aí a segunda música é "Coração Materno", que é uma tragédia. É a história de um campônio que diz para a amada: "Diga o que você quer e eu vou matar ou morrer por isso". E aí ela pede o coração da mãe dele achando que era apenas uma brincadeira. E ele vai atrás da mãe e a mata arrancando o coração. Era o tipo de música que não entraria num disco "normal", vamos assim dizer. E tem Rogério Duprat, os arranjos dele são extraordinários, especialmente o arranjo de "Coração Materno". Rogério era primo do Walter Hugo Khouri, diretor de cinema. Rogério trabalhou muito com Walter e ele tinha o dom de sonorizar a imagem.

Os arranjos dele trazem uma tensão cinematográfica para o disco. Como era trabalhar com Rogério? Vocês dois tinham uma intimidade que fazia com que o trabalho fluísse muito bem.

Entre nós houve uma empatia muito legal, mas muito legal. A gente se entendeu desde o primeiro minuto. O que eu pensava, o que eu gostaria que tivesse e o que ele vinha trazendo de ideia era um "ok", praticamente, tanto de um quanto do outro. A confiança que cada um de nós tinha no outro era total. Juro que não lembro de ter chegado para ele e dizer assim "Rogério, vamos mudar isso aqui".

Em *Tropicália* foram incluídas algumas das primeiras faixas que você produziu de Gal Costa: "Baby" e "Mamãe Coragem". Você depois produziria três discos dela. E Gal, na época, era a cantora dos sonhos para se produzir, pelo timbre e pela técnica. Como foi trabalhar com ela nesse disco?

Quando você está trabalhando com alguém que tem conteúdo e qualidade é fácil. Gal estava num momento maravilhoso. O som da voz dela era um diamante. E não tínhamos naquele tempo nenhum dos apetrechos que existem hoje, a tecnologia para você gravar e tentar consertar alguma coisa. Era perfeita, do princípio ao fim. Sem esquecer o final, em que o Caetano brincou com a citação de "Diana", sucesso do Paul Anka. Por isso é difícil de eu dizer alguma coisa mais do que aquilo que está gravado.

O disco inteiro foi gravado valendo, com todo mundo junto?
Ali já eram quatro canais para trabalhar, então, a gente gravava a base, orquestra e, depois, por último, a voz. Poucos artistas topavam fazer o ao vivo. Foi gravado rápido, porque, primeiro, tinha a mão do Rogério, e o planejamento que a gente fazia.

Vale também destacar um aspecto interessante no disco que é a presença da religiosidade, porque a abertura é "Miserere Nobis", uma expressão que está em algumas orações católicas. Inclusive a faixa é aberta por um órgão, como se fosse a abertura de uma liturgia. E termina com o "Hino do Senhor do Bonfim", que é uma música de 1923 que faz alusão à Igreja do Senhor do Bonfim de Salvador. Por que essa presença da religiosidade no disco?
Pela própria geração de Caetano e Gil. Eles cresceram dentro das religiões católica e afro-brasileira, esta muito forte na Bahia. Isso é natural deles, essa ligação com a religião. E eles fazem isso de uma maneira muito legal, de uma maneira que não choca. É dentro de um conceito de bondade. Quando você pede misericórdia a todos nós, é uma coisa que não tem a ver com dizer "a minha religião é maior que a tua". Eu, que sou da religião judaica, nasci do ventre de uma mãe judia, me senti muito à vontade com eles quanto a isso. E o "Bat Macumba" eu acho de uma criativida-

de extraordinária, com duas palavrinhas Gil construiu um texto todo. Isso faz parte de toda essa história.

E outra coisa interessante no disco é que algumas canções são muito provocativas no sentido político, caso de "Enquanto Seu Lobo Não Vem", inclusive falando de militares por meio daquela citação de "Dora", de Dorival Caymmi, que fala em "clarins da banda militar". Há também "Três Caravelas (Las Tres Carabelas)", que Caetano e Gil cantam juntos, que é uma versão do Braguinha e a letra fala em Cuba. Queria saber a visão sua dessas faixas e se você ficou preocupado que alguma coisa pudesse acontecer por causa dessas citações.

Em "Parque Industrial", de Tom Zé, também tinha uma citação do Hino Nacional dentro do arranjo do Rogério. A gente olhava isso como uma coisa natural deles, o sentimento que tinha em você viver uma situação não democrática, onde qualquer intenção é levada de uma maneira que Deus nos livre. Nós considerávamos que nada disso era, vamos dizer, provocativo, que era vingativo, que era para menosprezar. Eram apenas coisas que estavam acontecendo naquele momento. Não existe nos discos do Gil e do Caetano nada que diga "peguem as armas". Tinha "vamos desfilar na avenida", que é a Avenida Presidente Vargas, onde havia o desfile militar de Sete de Setembro e os desfiles das escolas de samba. E desfilar na avenida não é você pegar as armas e sair atirando.

Sons de tiros de canhão ligam "Miserere Nobis", primeira faixa do disco, à segunda faixa, "Coração Materno". E tiros de canhão também fecham o disco, claramente uma maneira de mostrar como o Brasil e o mundo daqueles tempos estavam.

Nada é por acaso, os tiros já vieram planejados, tanto que sai do "Miserere Nobis" para entrar no "Coração Materno" e sai no andamento do "Coração Materno". Ele tem todo o movimento. Por isso que eu digo que nesse disco, cada vez que você ouvir, vai encontrar algo. Até eu, quando ouço. E eu estava ali.

Temos também a participação muito importante da Nara Leão, a musa da Bossa Nova, cantando "Lindonéia" no disco. Uma faixa que Gil tinha gravado chamada "A Coisa Mais Linda Que Existe" saiu para que "Lindonéia" entrasse. Como Nara se incorporou a *Tropicália ou Panis et Circencis*?

Nara tinha uma coisa importantíssima, assim como Elis, em relação a compositores novos, a ideias novas. Nara pediu para Caetano e Gil fazerem uma música sobre um quadro do Rubens Gerchman. Quando ficou pronta, era ideal para entrar no disco. Eles chegaram e disseram que estavam convidando a Nara. E ela cantou maravilhosamente bem.

O interessante é que a música fala da Lindonéia desaparecida que aparece na fotografia e, na capa do disco, Caetano segura uma fotografia da Nara.

A foto foi usada porque Nara não podia ir para a sessão de fotos em São Paulo, então houve a ideia de fazer isso.

E a contracapa é um roteiro de cinema, com várias cenas. Isso foi discutido com você?

Isso veio para mim. Naquela época, de algumas coisas eu cuidava e de outras, não, porque não havia tempo para resolver tudo. Eu estava trabalhando com gente com quem eu não precisava me preocupar. Era esperar para ver o que eles iam trazer. Quando eu falava "Guilherme, como é que tá a capa?", ele falava "tão trabalhando". "Manoel, a capa tá pronta, estou te levando". Quando eu vi esse roteiro final, eu falei: "Isso aqui é do caramba".

Como foi a recepção do disco? E qual é a sua marca dentro do disco como produtor?

A minha marca é eu, primeiro, ter acreditado no que estava sendo proposto, numa concepção nova de trabalhar. E ter tido o feeling de sentir que eu não era tanto o produtor. Eu era mais um coordenador. Independentemente do que eu mexi, do que eu fiz. O meu grande segredo é ter tido o feeling de conseguir coordenar essas pessoas todas por um objetivo comum. Acho que se eu me metesse a dizer "não faz isso, vamos gravar...", nunca teria saído, porque ele já veio pronto. Dentro da gravadora houve um choque no bom sentido, de que a companhia estava com algo diferente ali dentro. A companhia abraçou tanto que a gente fez quase direto o disco do Caetano, o disco do Gil, o disco da Tropicália, o da Gal em seguida, e dos Mutantes. Mas, fora da companhia, enfrentei muita briga. Porque foram coisas que passaram do limite. "Ô, Barenbein, que história é essa de colocar guitarra? Você quer destruir a música brasileira? Que é isso?" Eu cansei de ouvir isso. Mas, depois de 50 anos, ainda estamos aqui falando desse disco, porque ele mexeu com tudo.

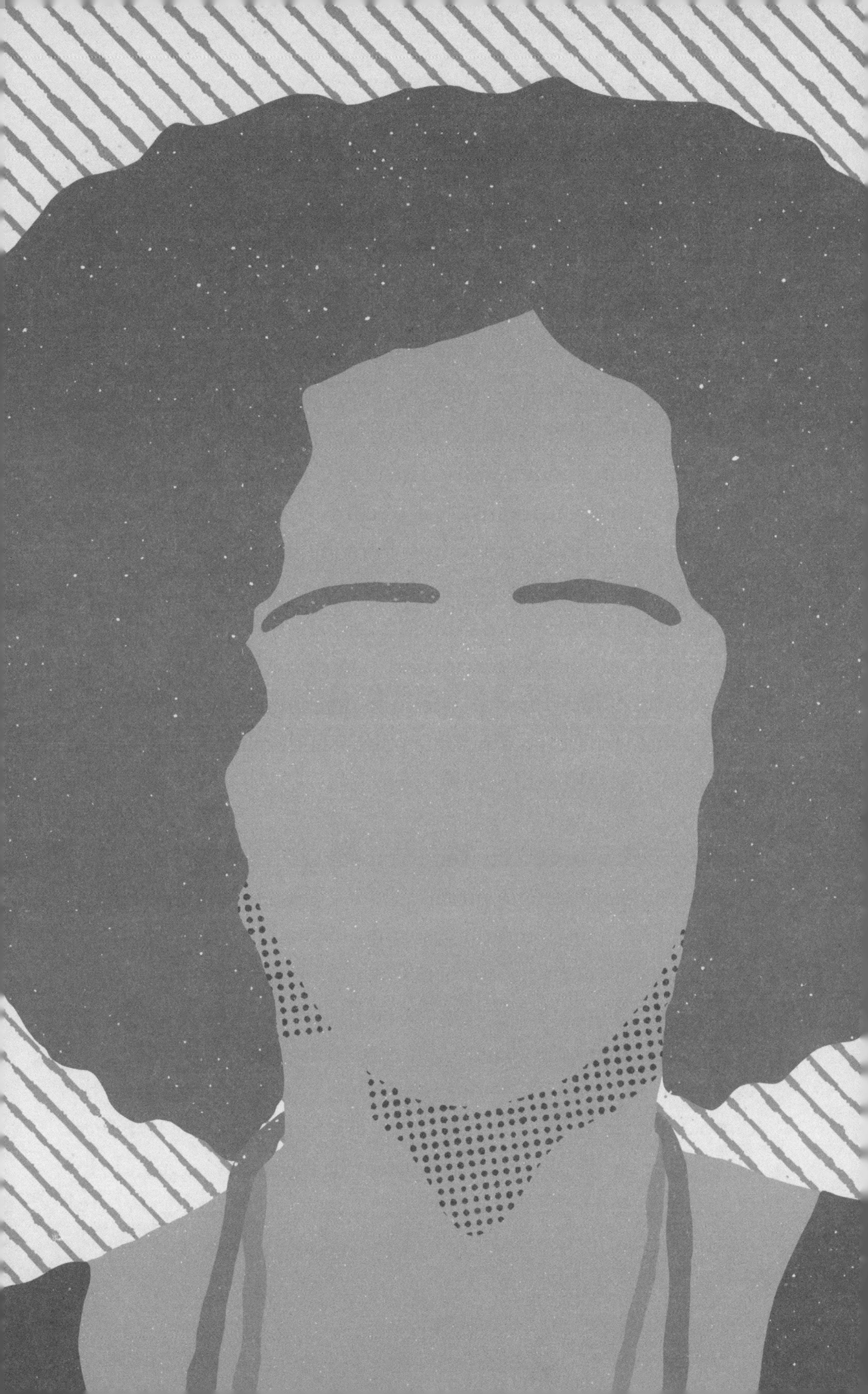

Caetano Veloso

Assim que assumiu as funções de produtor e diretor artístico da Companhia Brasileira de Discos em São Paulo, Manoel Barenbein passou a conviver de perto com Caetano Veloso. "Alegria, Alegria", inscrita no Festival da Record de 1967, foi a primeira faixa em que trabalharam juntos. Barenbein dirigiu todas as gravações tropicalistas do baiano e esteve com ele em momentos críticos, como a vaia recebida durante a apresentação de "É Proibido Proibir" na eliminatória paulista do Festival Internacional da Canção de 1968 e durante o período de confinamento em Salvador, quando fizeram o disco que marcou a despedida de Caetano do Brasil antes do exílio na Europa.

Como você conheceu Caetano Veloso?
Eu conheci Caetano no entorno do Teatro de Arena de São Paulo. Havia em frente um barzinho chamado Redondo, onde a gente se encontrava, e conheci Gil ali também. Nessa época eu estava trabalhando na gravadora RGE e eles estavam na gravadora RCA, mas se transferindo para a Companhia Brasileira de Discos, a Phonogram. Só que não tinha nada de Tropicália ainda, tanto que o primeiro disco de Caetano na Phonogram (*Domingo*, 1967), que ele divide com Gal Costa, é de bossa nova. Quando fui trabalhar como produtor na Phonogram, era a véspera do Festival da Record de 1967 e tinha que fazer as gravações para o disco do

evento. Caetano e Gil abriram uma porteira e a boiada avançou toda, aí a companhia quis fazer um disco de cada um deles antes de fazer o álbum *Tropicália*.

O primeiro disco solo de Caetano, produzido por você, é também o primeiro disco solo de um tropicalista. Ele é gravado imediatamente após o festival da Record em que Caetano defendeu "Alegria, Alegria", faixa que você produziu para o disco do evento, com acompanhamento da banda Beat Boys. Era muito diferente de tudo que Caetano fazia até então, porque ele passa a usar as guitarras e uma sonoridade pop. Como foi o impacto quando você ouviu essa música e principalmente quando ouviu a gravação?

"Alegria, Alegria" é uma marcha-rancho. Quando Caetano me mostrou essa marchinha e falou "eu queria fazer com um grupo de rock", já foi o primeiro choque que eu tive. Porque me acordou para uma coisa com que eu estava sonhando e não imaginava que ia chegar naquela hora. Realizei um sonho que eu vinha acalentando desde quando produzia Erasmo Carlos na RGE, a coisa de usar a guitarra. Esse impacto foi muito positivo para mim, para os artistas, e mudou a música brasileira da água para o vinho.

Como a Companhia Brasileira de Discos reagiu a essa mudança? O que a gravadora achou de eles estarem mudando tão bruscamente de estilo? Eles incentivaram, ou achavam que não era por aí? Como tudo foi visto internamente?

O destino quis que a pessoa que estivesse no comando da gravadora fosse o Alain Trossat. Nós tínhamos 160 artistas contratados, algo inviável. Quando os produtores chegavam e falavam "olha, apareceu esse cara aqui, vamos contratar", Alain respondia "vamos contratar!". Ele foi o primeiro a se entusiasmar. Quando saiu o disco do Caetano, ele escreveu um bilhete dizendo que era um álbum de um dos melhores compositores dos últimos tempos.

A própria repercussão de "Alegria, Alegria" fez com que a companhia incentivasse Caetano a continuar com esse projeto tropicalista dele.

Com certeza. Tanto que a gente sentou e falou: "Vamos fazer o LP?". Alain não perguntou quanto ia custar nem nada. Eu fiz o orçamento, mas ninguém perguntou, nem Alain nem Armando Pittigliani, diretor artístico, que era meu chefe. Ninguém perguntou "o que que você vai gravar?". Eu fui ao Rio, voltei para São Paulo, liguei para o Guilherme Araújo, empresário do Caetano, marquei com Caetano, sentamos e começamos a trabalhar.

Esse disco foi gravado ali nos estúdios da Gazeta, na Avenida Paulista, um estúdio de quatro canais, nos últimos meses de 1967. Como foi a concepção desse repertório?

A gente sentava na frente e ele mostrava as músicas que achava que seriam boas para ele. E eu dizia na hora: "Essa! Legal! Essa! Legal!". Não havia imposição ou veto. Mesmo coisas que eu achava que não deveriam ser gravadas, eu chegava e dizia: "Olha, eu estou achando isso. Se você concordar comigo, tudo bem. Se você continuar achando que tem que ser, a última palavra é sua. Você é o artista, você que vai enfrentar o microfone e vai cantar. Se você não estiver com predisposição para fazer isso legal não vai render".

O disco abre com "Tropicália", que é uma faixa muito importante, com arranjo do Júlio Medaglia. Você tem uma parti-

cipação muito significativa nessa música, você deu a ela o nome. Queria que você contasse essa história toda.

Desde o primeiro dia em que se falou "Tropicália" esse nome ficou na minha cabeça e não saía. Então, quando o Caetano mostrou essa música e não tinha nome, eu aleatoriamente fui escrevendo "Tropicália". Houve uma reunião na casa do Júlio, ele estava terminando o arranjo e queria saber o título. Caetano virou para ele e falou: "Não tem nome, a gente pode pensar em alguma coisa. Manoel está escrevendo 'Tropicália'". Júlio lembra que falaram em "Mistura Fina", mas não pegou, voltou para "Tropicália" e ficou "Tropicália". Foi um feeling meu, que dizia que esse nome ia funcionar.

Tropicália era o nome de uma instalação artística de Hélio Oiticica. O diretor de cinema Luiz Carlos Barreto ouviu a música e disse ao Caetano que aquela obra artística tinha semelhanças com a canção. Inclusive Caetano fala que nem conhecia o Hélio, mas achou que o nome era interessante e acabou ficando. E tem aquela introdução falada do baterista Dirceu Medeiros. De quem foi a ideia de gravar aquele texto antes do início da música?

Dele mesmo. Dirceu ouviu aquele som e começou a brincar com o técnico de gravação, Rogério Gauss. Ele vai falando: "Quando Pero Vaz de Caminha descobriu que as terras brasileiras eram férteis e verdejantes, escreveu uma carta ao rei. Tudo que nela se planta tudo cresce e floresce...", para brincar que o Gauss era velho e estava ali desde a época do descobrimento. Quando ele terminou de falar eu falei: "Gauss, você gravou?". E ele respondeu: "Gravei". Aí eu disse: "Então segura". Chamei Caetano, Júlio e falei: "Ouçam". E eles responderam: "É maravilhoso!". Eu disse:

"Eu também acho. Então fica?". E tá aí. Dirceu inventou o texto na hora. Isso é o tropicalismo.

A banda de base desse disco aqui é os Beat Boys: Tony Osanah na guitarra, Willy Verdaguer no baixo, Cacho Valdez na guitarra, Toyo no órgão e Marcelo Frias na bateria. Todos argentinos, eles tocam em praticamente todo o disco. Como foi trabalhar com eles?

Eles se engajaram direto no processo com a gente. E isto aconteceu não só com eles, aconteceu com os Mutantes, aconteceu com Nara Leão. Não tinha tempo ruim com as pessoas que se agregaram aos três, Caetano, Gil e Gal, que eram o embrião da história.

Outra faixa importante aqui, a única do disco que não é do Caetano, mas sim do Gil com o Capinan, é "Soy Loco Por Ti, América", que também virou um estandarte tropicalista. Você sabe por que Caetano quis incorporar essa música ao repertório do disco, apesar de não ser uma música dele?

Não era o disco do Caetano só com músicas do Caetano. Era o disco do Caetano com as músicas que fossem escolhidas para o disco, não importa quem fosse o autor, ainda mais sendo Gil. Era ouvir a música e dizer assim: "É essa". As coisas eram muito abertas.

Nesse primeiro disco solo do Caetano tem a participação do RC7, a banda que acompanhava Roberto Carlos, tocando "Superbacana". Como foi chamar o grupo do Roberto, que na época era a grande estrela da Jovem Guarda, para participar do disco de um tropicalista?

Roberto também se entusiasmou muito com Caetano. Do mesmo jeito que Caetano já gostava muito do Roberto, Roberto também começou a gostar dele. E, depois, não era para anunciar "Caetano Veloso e o RC7". Não era nada disso, eram músicos acompanhantes. A música não pedia nem os Mutantes nem os Beat Boys, ela pedia metais, alguma coisa mais pesada. E o RC7 era uma banda formada. A gente podia ter dado para o Júlio escrever, para Rogério Duprat escrever, tudo bem. Mas o que a gente conversou no dia foi: "Vamos colocar uma banda montada?". Aí comecei a procurar e falei: "Olha, passou pela minha cabeça chamar o RC7". O Caetano respondeu: "Ah, eu acho lindo!". Chamei o pessoal do RC7 e falei: "Vocês podem gravar?". Eles disseram que sim, que eram músicos independentes.

Há duas músicas muito interessantes aqui: uma é "Onde Andarás", do Caetano com o Ferreira Gullar, e outra é "Paisagem Útil", só do Caetano. Nessas duas, ele modula a voz como os cantores do rádio, em uma clara alusão ao estilo do cantor Orlando Silva. Isso foi discutido entre vocês, ele fez na hora?

Ele era um fã, e eu também era um fã incondicional do Orlando. Quando Caetano brincava eu dizia para ele imitar mesmo, não tinha grilo nenhum porque era uma coisa muito bonita.

Gostaria de citar outra faixa aqui: "Eles", música de Caetano e Gil que encerra o disco e da qual os Mutantes participam. E o disco termina depois que Caetano interpreta essa canção, falando "Os Mutantes são demais". É muito interessante um disco do Caetano terminar com ele falando que a banda que está acompanhando ele é "demais". Isso foi espontâneo ou negociado?

Espontâneo. O mais legal de toda essa história, de todo esse movimento, é a espontaneidade. Saía naturalmente, não era "oh, inventa isso...". E às vezes coisas que nem usaria no disco eu parava para pensar e falava "peraí, se deixar isso aqui vai ficar bom pra danar".

Vale a pena a gente citar também a música que não entrou no disco e que era para entrar, "Dora", de Dorival Caymmi. Era uma música que Caetano queria que Dori Caymmi, filho do Dorival, o acompanhasse ao violão, mas Dori foi para o estúdio e a gravação não aconteceu. Queria que você contasse essa história e, também, falasse da música que substituiu "Dora", que foi "Clarice". No livro *Verdade Tropical*, que Caetano lançou em 1997, ele conta que foi por muita insistência sua que ele colocou "Clarice" no disco.

É o único ponto que a gente pode dizer que foi chato. Caetano queria gravar uma música com nome de mulher e escolheu "Dora". Falou: "Manoel, nessa música eu não quero arranjo. Eu quero gravar voz e violão, e queria Dori tocando o violão". Pego o telefone e ligo para o Dori, e ele disse: "Claro!". Dori veio para São Paulo e passamos três sessões de estúdio, voz e violão, sem que saísse aquilo que a gente queria, principalmente aquilo que Caetano queria.

Ele tinha uma visão dessa música que ele não estava conseguindo transmitir. Eu não sei se é porque, como Dori no violão lembrava Dorival Caymmi, ele podia estar se sentindo constrangido... não fluía. Diferentemente de todas as outras faixas que foram direto. Aí eu cheguei para Caetano e falei: "Caetano, por que você não grava 'Clarice'?". Ele dizia "ah não, não quero". Eu fiquei insistindo, insistindo: "Caetano, 'Clarice' é muito legal, você que não está vendo. Você criou uma música e não está vendo o quanto ela pode ser bonita nesse disco". Tanto que ela acabou sendo a segunda faixa do lado A.

E houve também uma questão com a capa do disco, não é?
Quando Rogério Duarte entregou pronta a arte gráfica desse primeiro disco solo do Caetano, fui levar o material para o departamento de arte da gravadora, que ficava no Rio de Janeiro. Quando cheguei lá, o departamento disse que aquela capa, daquele jeito, não ia sair, eles não concordavam. Aí não tive dúvida: fui procurar Alain Trossat, presidente da gravadora, na sala dele, pedindo ajuda. Ele pegou o material, leu o texto do Caetano que estava na contracapa e escreveu um bilhete para os responsáveis do departamento de arte: "Este disco é o disco do poeta mais importante da música brasileira nos últimos tempos. Não mexam em nada. Se mexerem, estão despedidos". Aí consegui manter a capa.

Depois do lançamento desse primeiro disco solo do Caetano, saíram algumas gravações dele em compactos, e você esteve diretamente envolvido com elas. Uma delas é a versão de "É Proibido Proibir" gravada no Tuca (Teatro da Universidade Católica de São Paulo) em setembro de 1968, na fase paulista do Festival Internacional da Canção. A plateia começou a vaiar Caetano e os Mutantes, que o acompanhavam. Caetano fez um discurso que até hoje é lembrado. Você estava lá no Tuca. O que houve ali?
Havia um antagonismo entre os fãs dos artistas, que não era um antagonismo entre os artistas. Era o público: um queria isso, outro queria aquilo. Só que entrou política no meio. Como o Tuca

é um teatro dentro da PUC de São Paulo, é óbvio que o grande público era um público universitário, que não era fã do Caetano. Quando Caetano começa a tocar e vem a vaia, ele não aguenta mais e começa a fazer o discurso. Caetano se defendeu atacando. Isso enraiveceu ainda mais a plateia a ponto que ele saiu do palco e parou tudo. Os Mutantes também, porque começaram a voar coisas no palco. Eu tive a curiosidade de pegar uma coisa que caiu perto de mim e do Serginho dos Mutantes, eu o ajudava a pegar a guitarra quando caiu um objeto do lado da gente. Minha curiosidade foi pegar e desembrulhar. Eram uns jornais com um peso estranho: abri e tinha uma pedra dentro. Se a pedra pega na cabeça de alguém, Deus me livre. Então as coisas saíram de controle, isso começou a desencadear mais problemas, até que um dia houve a prisão do Caetano e do Gil, depois o confinamento em Salvador e na sequência o exílio.

Outra gravação importante lançada em compacto é "Charles, Anjo 45", que Caetano gravou com Jorge Ben e o Trio Mocotó. Foi a primeira composição do Jorge que Caetano gravou e que também é uma música revolucionária, é uma espécie de rap que conta a história de um "Robin Hood dos morros". Essa faixa acabou saindo em disco só depois que Caetano foi para o exílio, porque a gravadora não quis lançar uma música que falava de um personagem que estava preso enquanto Caetano estava detido. Como foi a produção dela?

Toda e qualquer música do Jorge Ben que a gente fosse gravar já contávamos com a participação dele, porque nenhum violonista consegue reproduzir aquilo que é único nele. Quando Jorge mostrou para Caetano "Charles, Anjo 45" e Caetano me perguntou "podemos?", eu disse: "Claro, vamos gravar". Era uma coisa tão

> **Desde o primeiro dia em que se falou 'Tropicália' esse nome ficou na minha cabeça. Então, quando o Caetano mostrou essa música que não tinha nome, eu aleatoriamente fui escrevendo 'Tropicália'.**

fácil de ser feita que ninguém parou ali para pensar se tinha três minutos, se tinha quatro minutos. Ninguém olhou para o tempo. Foi rodando, rodando, foram cantando, foram brincando e acabou. O arranjo do Rogério é extraordinário também. Meu Deus, quanta falta eu sinto dele.

Antes de a gente ir para o "disco branco" do Caetano, de 1969, eu queria saber como a prisão de Caetano e Gil pela ditadura militar repercutiu na gravadora.

Não era uma coisa que a gente esperava. Nenhum deles estava ali empunhando armas, querendo começar alguma coisa armada. Eu já vi muita gente dizendo: "Ah, com a saída deles, a Tropicália se foi". Pra mim, não. Primeiro que ela não morreu, ela está aqui e quase 60 anos depois estamos falando dela. Mas a continuidade do trabalho sofreu uma interrupção. André Midani já era o presidente da gravadora e me chamou depois da soltura deles, quando foram para Salvador em regime de confinamento. André foi até lá, conversou com eles e, na volta, me chamou para dizer: "Olha, os meninos precisam de ajuda. Ajuda financeira, porque eles não têm de onde tirar o pão, estão proibidos de cantar, de fazer qualquer coisa em público. Eu combinei com eles uma coisa para ajudá-los: vamos fazer um disco novo de cada um e vamos fazer um adiantamento dos direitos e dos royalties. Gil disse que falaria com você, ele vai cuidar de toda parte lá". Aí comecei a me comunicar com Gil para a gente poder fazer o disco dele (*Gilberto Gil*, 1969) e o de Caetano (*Caetano Veloso*, 1969).

Os músicos desse disco são Lanny Gordin (guitarra), Sérgio Barroso (baixo), Chiquinho de Moraes (piano), Wilson das Neves (bateria) e Tião Motorista (pandeiro). Com exceção de Tião, todos gravaram no Rio e em São Paulo. Por quê?

Gil faria os arranjos de base e eu levaria Rogério Duprat comigo e o técnico, que foi o Ary Carvalhaes, com o João Pereira, assistente. Pegamos um avião e fomos para lá. Gil já tinha combinado com Jorge Santos, do estúdio JS, que colocou tudo à disposição. Chegamos lá e era um estúdio mono, ou seja, de um canal só. Não servia. Como a gente já tinha essa informação, levamos do Rio de Janeiro equipamentos de dois canais, uma máquina estéreo, para gravar já direto. Não tinha jeito de ficar fazendo playback, tinha que ser direto.

Aí Gil chega e diz: "Temos um problema. Os meninos estão sem equipamento". Quem eram os meninos? Eram do grupo que ia acompanhar a gravação dos dois discos, os Leif's, do qual Pepeu Gomes fazia parte. Era um grupo em que Pepeu era o instrumentista principal, um negócio assim. Gil disse: "O problema é o seguinte: eles foram para a televisão e cantaram uma música que não deviam cantar". A música se chamava "A Menina dos Peitinhos

Duros". Imagine na ditadura militar cantar uma música dessa na televisão?! O empresário deles se apavorou e, como o equipamento era dele, foi embora para o interior da Bahia. Sumiu.

Precisávamos de instrumentos. Eu já conhecia Tião Motorista: ele tinha um táxi que era um DKW. Ele era compositor, mas dizem que a maior parte das composições do Tião ele pegava em terreiros de umbanda e candomblé. Aí fomos atrás de um pessoal que o Pepeu tinha indicado. Era maio ou junho de 1969. Chovia na Bahia, a gente atolou (com o carro). Pegamos os instrumentos, fomos para o estúdio e montamos. Quando o baterista sentou e fez uma virada na bateria, e bateu no prato, eu falei: "Bicho, não tem gravação". Não tinha som.

Falei: "Cancela, para!". Aí a imagem que nunca vou esquecer: eu sentado no chão do estúdio, Rogério do meu lado, Ary encostado, meio sentado em cima da máquina de dois canais, Caetano e Gil também sentados no chão ali, todos nós. O que a gente vai fazer? Aí eu fui abençoado quando Rogério perguntou: "Ary, se puser um metrônomo no fone, sai também na gravação?". Ary respondeu: "Não". Aí o Rogério: "Gil, se puser um metrônomo no seu fone, segura pra você o andamento?". Gil respondeu: "Claro!". Resolvido. Metrônomo no fone e a gente saiu para gravar os dois discos, com Gil tocando o violão no álbum dele e no de Caetano. Aí tomamos a decisão de finalizar as faixas com orquestra, baixo, piano, bateria e guitarra em estúdios do Rio e de São Paulo.

Nesse disco, Caetano gravou "Marinheiro Só". Ele começou a cantar e falou: "Tá faltando um coro feminino para responder 'Marinheiro só...'". E o Tião estava ali, não queria nem saber de trabalhar, ele suspendeu o táxi. Eu falei: "Tião, será que você consegue um coro feminino pra gente?". Ele disse: "Pode deixar!".

Saiu e meia hora depois estava lá com quatro meninas. Onde

> **É uma coisa que às vezes me deixa assustado, porque ali só tinha uma testemunha de que eu saí com os dois policiais. Se os dois encostam nele e dizem 'você não viu nada', sabe? Graças a Deus não houve nada.**

ele foi encontrar esse coro? Eram quatro meninas que faziam programa. Ele pagou um cachê para cada uma e elas subiram para cantar. Ruins, tão desafinadas, tanto que a gente acabou chamando a Dedé (esposa de Caetano) e a irmã da Dedé que era casada com Gil, a Sandra. O sentido era ter um coro de lavadeiras, aquele coro feminino que era bem esganiçado, lá pra cima. E é exatamente esse som que saiu.

Antes da prisão do Caetano, você gravou uma música que entrou nesse disco e se tornou um grande sucesso da carreira dele, "Atrás do Trio Elétrico". Se falava muito pouco de trio elétrico no Sudeste. Como você recebeu a ideia de ter uma música falando para as pessoas irem atrás do trio elétrico.

Eu já conhecia o trio elétrico, óbvio, mas era uma coisa restrita ao Nordeste. Essa gravação tem um clima de festa, é uma fotografia do que é o trio elétrico no carnaval da Bahia.

Como foi o clima das gravações desse disco do Caetano em Salvador, enquanto ele e Gil não podiam fazer aparições públicas nem sair da cidade?

Na hora que começava a gravar, a gente esquecia de tudo. Mas teve uma vez em que saímos do estúdio, Rogério e Ary resolveram ir tomar cerveja e bater papo. Eu falei: "Olha, eu quero descansar. Vou para o hotel". Aí fui para o hotel, o Grande Hotel da Bahia. Entrei, o hall estava vazio, eu não tinha nem percebido uma última mesa lá no fundo. Pedi minha chave para o recepcionista e ele falou: "Aqueles dois senhores lá na mesa do fundo querem conversar com o senhor". Fui lá. "Pois não, os senhores queriam falar comigo?" Eles responderam: "Sim. O senhor é o responsável pelo evento do Caetano e do Gil?". Eu falei: "Não. Eu sou responsável, mas não por um evento. Se vocês estiverem chamando a gravação do disco deles de evento, sim. Mas não é um evento público, não é show". Aí falaram: "É que o delegado queria conversar com o senhor". Eu respondi: "Tudo bem, vamos lá".

Aí a descrição é essa: um carro escuro, entrei no veículo, cheguei na delegacia. Eu entro na sala do delegado, não tem cadeira para sentar, e ele pergunta: "O senhor não sabia que Caetano e Gil não podem aparecer em público?". Eu falei: "O senhor me perdoe, mas eles não estão em público. Eles estão em um estúdio fechado, o estúdio JS, é só o senhor ir lá, todo mundo conhece". O delegado respondeu: "Não, porque eles não podem fazer, não sei o quê".

Veio uma lembrança que eu falo que foi Deus que chegou e botou na minha cabeça isso: "Senhor delegado, eu estou autorizado por Brasília". "Como? Está autorizado?" Aí eu falei: "Com licença". Peguei minha pasta, porque eu andava com uma pasta com as letras todas para ver se na gravação algo havia sido modificado. Todas elas estavam com o carimbo "Liberado", então, se mudasse alguma coisa podia ter encrenca. Eu peguei as folhas das músicas e comecei a mostrar para ele o carimbo da Censura escrito "liberado" e assinado por uma censora. Ele olhou, olhou, olhou e falou: "Então tá bom, mas eles não podem aparecer em público". Eu respondi: "Doutor, de novo: o senhor está convidado a ir ao estúdio".

E fui embora. É uma coisa que às vezes me deixa assustado, porque ali só tinha uma testemunha de que eu saí com os dois policiais, o rapaz da recepção. Se os dois encostam nele e dizem "você não viu nada", sabe? Graças a Deus não houve nada. Mas é assustador quando você começa a imaginar as coisas assim, desse jeito.

"Carolina", música do Chico Buarque, foi regravada por Caetano nesse disco feito em Salvador. Na época, os dois eram de correntes distintas da música brasileira: Caetano da Tropicália e o Chico era visto como uma pessoa mais alinhada ao samba tradicional; os fãs de um tinham uma provocação com os do outro. Muito se comentou na época que essa gravação seria uma ironia ao Chico, um deboche. O que tem de verdade nessa história?

Nem uma letra de verdade. O jeito que ele gravou, com a seriedade que ele gravou... O ser humano tem essa facilidade de querer achar pelo em ovo. Não adianta inventar uma coisa dessas. Mas, fazendo uma analogia com o futebol, havia um Fla-Flu, um Corinthians e Palmeiras, entre os fãs deles. Mas, se você falar com os jogadores, que são os reais atores da coisa, você não vai encontrar nada disso. E eu vivi esse problema, vendo Chico cantar "Roda Viva" e Caetano, "Alegria, Alegria". E eu era o produtor dos dois. Não estava ali nem torcendo por um e nem por outro.

"Irene" foi um dos sucessos desse disco. Mas, no meio da faixa, Gil se esquece de fazer o vocal, e Caetano começa a conversar com ele. Você manteve isso na versão final.

Quando as coisas têm que acontecer, acontecem. Depois da gravação em Salvador, a gente começa a limpar a fita, para ficar só o que vale da gravação. A gente gravou em dois canais e, em São Paulo e no Rio, a gente já tinha quatro canais. Eu fui cortando, cortando com o técnico, tirando sujeiras. Por alguma razão que eu não sei, quando chegou a hora de "Irene", eu virei pro João Kibelkstis, o técnico que estava trabalhando com a gente, e falei: "João, deixa o 'Irene' aí, na hora que a gente for gravar a gente corta e acabou". E ficou.

Aí começou a odisseia: tinha que colocar primeiro o contrabaixo, depois a bateria e por aí vai. Quando Gil gravou o violão, ele ouvia o metrônomo, mas ele, como qualquer ser humano, não é perfeito. Fica um pouquinho adiantado, um pouquinho atrasado. O baixista estava com a partitura, mas também precisava aprender quando Gil atrasou, quando ele adiantou.

Aí chega o dia de gravar o "Irene" e eu falei: "João, deixa como tá, deixa rolar, depois a gente corta, tem espaço pra cortar, isso é o de menos". Aí começou. Começa a banda gravando e, nessa hora, como está gravado, os músicos vão parando quando entra Gil falando que esqueceu de entrar para fazer a segunda voz com o Caetano, volta a contagem de novo e vai. O que está na minha cabeça e na cabeça do João é que, quando terminar de gravar tudo, corta (com lâmina de barbear e cola, processo artesanal comum nos tempos analógicos).

Quando chega naquela hora que, em "Irene", Caetano e Gil interrompem, conversam e começa de novo a música, e Lanny

Gordin começa a fazer algumas coisas na guitarra, eu de repente respirei fundo e falei: "João, está gravando? Não mexe!".

Esse disco termina com duas faixas muito radicais: "Acrilírico" e "Alfômega", que é uma música do Gil. Você deixava as mais complexas para o final do álbum?

Eu aprendi isso no meu trabalho como divulgador na época em que trabalhei em rádio: ali soube como se fazia a sequência das músicas de maneira que o ouvinte sinta prazer em escutar daquele jeito. Mas eu nunca trabalhei com ninguém em que eu fui ditador: "É assim e não muda". Eu expunha a minha ideia, o cantor colocava a dele e a gente discutia para chegar em um termo perfeito para os dois. Então, óbvio, não fiz isso sem conversar com Caetano.

Quando Caetano já estava em Londres, você foi até lá e produziu "Chuva, Suor e Cerveja", que saiu no compacto *O Carnaval de Caetano*, de 1971. Como surgiu a ideia de ir até lá produzir essa marcha carnavalesca?

Era uma continuidade do "Atrás do Trio Elétrico". O sucesso que essa música fez pedia outra canção nesse mesmo contexto. André me ligou e pediu que eu fosse a Londres. E tem um detalhe: tem algumas coisas que eu produzi sem ter vivido o que veio antes. E era uma experiência maravilhosa, porque era o princípio, meio e fim. Aqui cheguei, ele estava com tudo pronto praticamente, Jards Macalé estava lá ajudando. Minha função foi mais de coordenar a produção, mantendo o mesmo formato do que a gente tinha criado antes.

Como você avalia o saldo do período em que trabalhou com Caetano?

É uma coisa tão perfeita, a gente se entendeu tão bem. Eu tenho uma admiração muito grande pelo Caetano por uma coisa: o respeito que ele sempre teve comigo, do mesmo jeito que eu sempre tive por ele como artista. Ele sempre foi corretíssimo, da mesma forma que Gil. Isso aqui para mim foi e é muito importante.

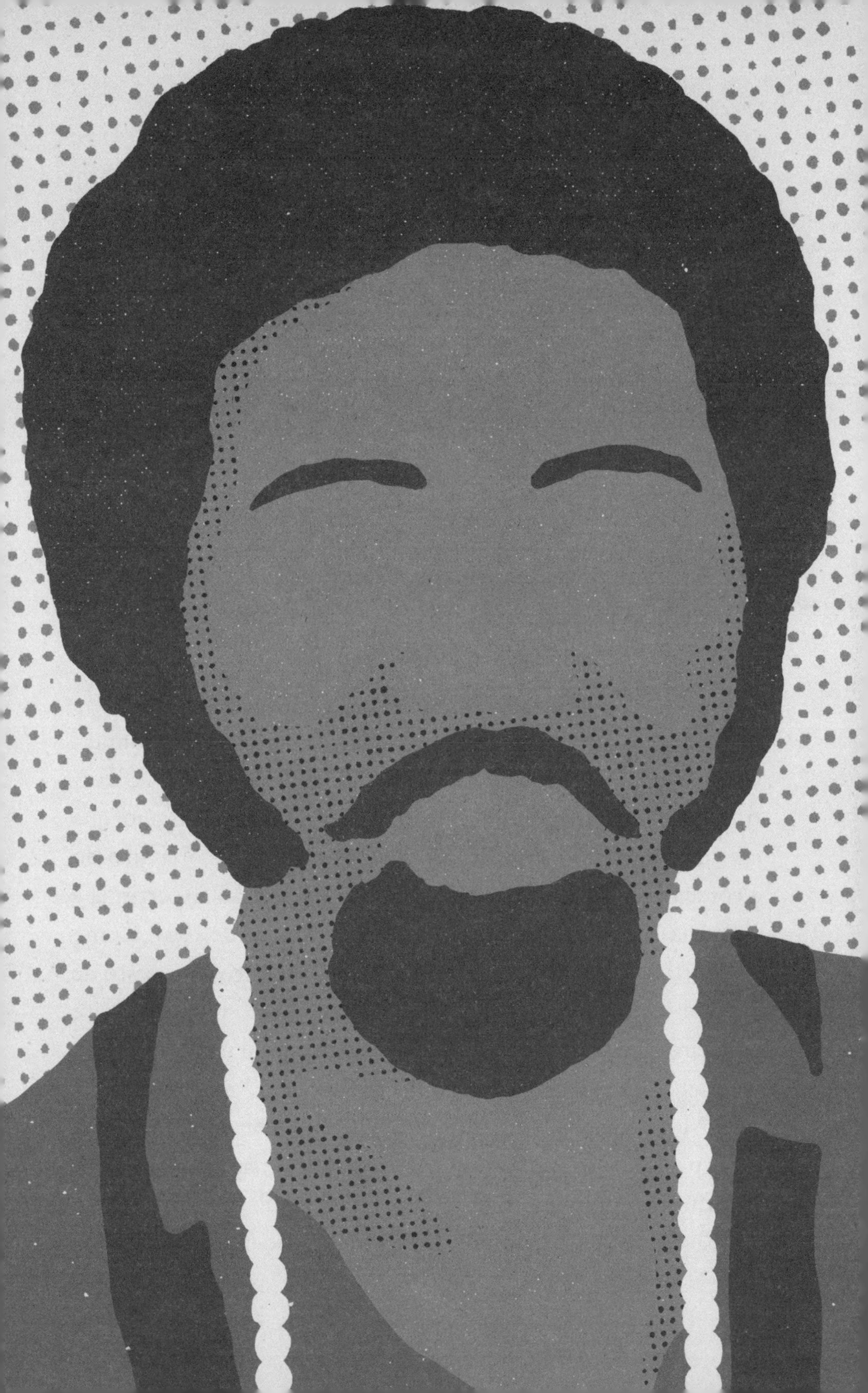

Gilberto Gil

Gilberto Gil já tinha gravado alguns compactos e lançado o LP *Louvação* (1967), produzido por João Mello, quando o caminho dele cruzou com o de Manoel Barenbein, na véspera do histórico Festival da Record de 1967. No evento, ele interpretou "Domingo no Parque" ao lado dos Mutantes. Barenbein produziu os discos de Gil lançados em 1968 e 1969, além de gravações incluídas em compactos e discos de festival.

Como você conheceu Gilberto Gil?
Ele é um artista completo, só não o vi dançar balé. Conheci Gil e Caetano no bar Redondo, em São Paulo, em frente ao Teatro de Arena, onde a gente costumava ir. Guilherme Araújo, que era empresário de Caetano, Gil e Gal, entrou na história quando a companhia decidiu como ia trabalhar em relação aos artistas e às músicas classificadas para o Festival da Record de 1967. Como esses artistas moravam em São Paulo, ficou comigo o processo de contatá-los. Falei com Guilherme, marcamos uma reunião. Estive primeiro com Caetano e depois fui encontrar Gil na casa de Júlio Medaglia, que seria o arranjador original de "Domingo no Parque". Mas Solano Ribeiro (diretor do festival) convidou Júlio para fazer parte do júri, ele aceitou e teve que abrir mão do arranjo. Aí, sugeriu Rogério Duprat.

Rogério se entusiasmou com o processo todo e o que acabou

acontecendo foi que, antes de gravar "Domingo no Parque", eu gravei "Samba de Maria" (Francis Hime e Vinicius de Moraes), com Jair Rodrigues e com arranjo do Chiquinho de Moraes. Chiquinho estava ali por perto e foi olhar o que Rogério tinha escrito. Quando começou a virar as páginas, ele perguntou se eu o autorizava a ver a gravação. Falei: "Tá brincando, né, Chiquinho? Claro que você fica, pelo amor de Deus". E tudo bem, ele ficou. E a gravação foi... Quando terminou, era a história que a gente já tinha conversado, de ter uma guitarra elétrica, de ter um baixo elétrico em cima do baixo acústico, e um vocal roqueiro também.

Aí Chiquinho chegou para mim: "Por que você não propõe os Mutantes?". E eu: "Oh, espera aí, estamos esquecendo dos Mutantes". Aí foi aquela coisa, né? Todo mundo falou: "É isso mesmo! Valeu!". Aí os Mutantes vieram. Rogério conhecia os Mutantes, Júlio também tinha ouvido falar. E os Mutantes passaram a ser tropicalistas.

E depois do sucesso de "Domingo no Parque" no festival veio o sinal verde da Philips para o segundo disco solo do Gil (*Gilberto Gil*, 1968), que muita gente chama de "Disco do fardão". Na capa, feita por Rogério Duarte, Antônio Dias e David Zingg, Gil aparece com um fardão da Academia Brasileira de Letras. É uma capa bem psicodélica para a época. Como foi a pré-produção desse disco e a montagem do repertório?

Gil ia apresentando as músicas que ele tinha e a gente ia falando "sim, sim", porque dificilmente aparecia uma música que alguém fosse dizer "essa não". Houve uma química. Tudo o que Rogério imaginava que os Mutantes pudessem fazer, eles faziam. Eles traziam ideias para o Rogério. E Gil ia compondo e entregando na mão dos Mutantes e do Rogério.

Vamos falar de "Pega a Voga, Cabeludo", música que fecha o lado A do disco. É uma música baseada no folclore e, lá pelo meio da faixa, Gil fala de você, fala: "Ê, Manoel. Para de encher". Eu queria saber como surgiu essa citação e por que ele fala isso. Houve alguma situação no momento?

O produtor é um chato. Ele tem que ser um chato, porque as coisas têm que sair, vamos dizer, artisticamente perfeitas e têm que estar dentro de um processo de orçamento. E todas essas coisas que envolvem a gravação. E eu realmente sou um chato. Eu me considero um chato. Como a Rita (Lee) brinca na gravação, "me dá um cri cri". Cri cri era o apelido que a gente dava para as pessoas que eram chatas. Eu não esperava. Eu não imaginava que eles fossem fazer. Em nenhum momento eu vi. De repente entram os três e falam "Manoel, para de encher", fazendo um vocal no meio.

Outra coisa muito interessante aqui é a regravação de "Procissão", que já era um sucesso do Gil e ele estava registrando pela terceira vez. Por que ele decidiu gravar essa música pela terceira vez em dois anos?

Uma vez que você tem as pessoas com quem está trabalhando e vê uma música que veio de uma maneira, e você acredita que pode dar uma roupagem nova com o que você está fazendo, não titubeie.

Duas músicas desse disco são muito fortes e retratam bem o cotidiano ali daquela época, 1968. E o disco saiu em abril. Uma é "Marginália II", composição de Gil com Torquato Neto que diz "aqui é o fim do mundo". A outra, "Ele Falava Nisso Todo Dia", uma crônica: Gil se inspirou numa notícia de jornal de

> **Eu não consigo lembrar de nenhum produto, de uma gravação, de que não gostei. (...) Deus me abençoou com isso tudo. Mas Gil tem alguma coisa de especial.**

um jovem que tinha morrido e a família estava requerendo o seguro. Essas músicas, eu acho que são bastante representativas do disco no sentido de colocar Gil como cronista naquela época.

"Domingou" também. Em "Domingou", ele descreve o Rio de Janeiro num domingo à tarde. Quem morou no Rio – eu tive esse prazer – sabe que essa música é a própria visão. Gil é um cronista. E, para mim, "Domingou" é a perfeição.

No primeiro disco que você produziu do Gil (*Gilberto Gil*, 1968), tem "Luzia Luluza", outra música importante dessa fase tropicalista e que tem todo um trabalho de estúdio, com o barulho de onda de mar, o radinho da bilheteira subindo... Como foi o trabalho dessa música em estúdio?

Essa é uma obra-prima que Gil escreveu. É uma história simples, sobre o cara que vai ao cinema e se apaixona pela bilheteira. Esse tipo de história que Gil escreve é perfeita. Quando você tem esse tipo de texto numa música bem singela, como é o caso do "Luzia Luluza", trabalhar com ela é muito tranquilo, é muito legal. E, além do arranjo, tinha uma coisa que a gente gostava de fazer, que era "o que colocar a mais na salada". Tipo as ondas do mar batendo na praia e ela ouvindo o radinho... E você pondo o radinho na gravação.

Você continuou trabalhando com Gil ao longo de 1968 e produziu algumas músicas que saíram em compactos e em discos de festivais. A primeira é uma gravação muito pouco conhecida, mas que reúne numa mesma faixa Gilberto Gil cantando, Caetano Veloso fazendo vocais e Jorge Ben no violão: "Queremos Guerra". Uma música do Jorge Ben que ele defendeu no Festival da Record de 68 e, como Jorge ainda não era um artista da Philips – ele estava na Mocambo –, ele participou só com o violão e Gil deu voz a essa música num disco de festival da Philips. Você tem alguma memória desse encontro dos três?

É como se fosse uma jam session. Você põe os três ali e fala: "Toca". Acho que não tem o que fazer, você pode brincar, chegar e falar: "Olha, vamos fazer o seguinte, aqui em vez de fazer sozinho, faz em dois aqui". Então, essas coisas, você pode criar, mas o resto... Jorge tem uma pegada de violão que é única. Claro, tem imitadores, tem essas pessoas. Só que o primeiro a fazer do jeito que ele faz foi ele mesmo. Gil, para mim, é um dos três melhores cantores que dividem o samba, que dividem a música, no ritmo, que sabem trabalhar a música e a melodia em cima do ritmo com o texto junto. São três pra mim: Gil, Elis Regina e Jackson do Pandeiro.

Vamos falar aqui de um compacto que saiu pouco antes do Festival Internacional da Canção de 1968. O lado A era "Questão de Ordem", com Gil acompanhado pelos Beat Boys, banda que tocou com Caetano em "Alegria, Alegria". É uma música totalmente no estilo de Jimi Hendrix, uma radicalização total da Tropicália. E é o Gil trocando de banda... Porque os Beat Boys eram muito relacionados ao Caetano e os Mutantes, ao Gil. Mas aqui ele quis chamar os Beat Boys. Como você vê essa gravação? Houve uma série de protestos na época porque pareceu que Gil estava radicalizando mesmo a questão tropicalista.

A sonoridade que Gil queria para "Questão de Ordem" era a sonoridade que os Beat Boys podiam dar. Ele não teria mexido, não teria proposto, se não tivesse uma razão real. Não veio a mim absolutamente nada que dissesse "pô, o Gil mudou tudo". Eu continuei vivendo como se fosse algo normal. Era parte do meu trabalho e o meu trabalho consistia em fazer exatamente isso: criar, produzir e entregar um produto pronto. Se depois tem repercussão, fazer o quê? Um amigo meu de rádio chegou a dizer que eu estava assassinando a música brasileira.

E no lado B do compacto tinha "A Luta Contra a Lata ou a Falência do Café", gravada pelo Gil com os Mutantes, que é uma música bem irônica, um deboche com o Brasil exportador de café. Era bem representativa da ironia que cercava Mutantes e Gil, né?

É a Tropicália. Esta música é a Tropicália. Tudo que acontece, a gravação, as brincadeiras, o jeito de cantar, a ironia das coisas todas. Isto é a Tropicália.

Em dezembro de 1968, Gil e Caetano são presos em São Paulo, ficam detidos no Rio e são transferidos para Salvador. Podiam circular, mas estavam proibidos de sair da cidade. Você viaja para Salvador com a missão de fazer um disco com cada um. E quem te chama para conduzir esses dois discos é André Midani, diretor da gravadora, no sentido de ajudar Caetano e Gil. Eu queria que você contasse um pouco de como foi essa conversa com André.

Eles estavam proibidos de qualquer aparição pública. Não podiam fazer show, de onde saía o rendimento de cada um deles. André me chama e diz: "Olha, eu conversei com o (empresário) Guilherme Araújo, ele conversou com Gil e Caetano, e vamos dar um jeito de ajudá-los financeiramente". Independentemente do auxílio financeiro, tinha também o aspecto psicológico. Ficar fechado em casa é uma prisão também. E sem poder fazer nada. E, aí, pediu que eu entrasse em contato com Gil e combinasse com Gil, que estava no comando dessa história em Salvador. Depois que André conversou com Gil, ele já começou a ver tudo, ou seja, ele estava criando, na realidade, dois discos, o dele e o do Caetano. E ele estava ensaiando com os Leif's, banda que tinha Pepeu Gomes. O violão do Gil foi a base de tudo e, aí, partimos para gravar. Com Rogério Duprat fazendo os arranjos, Ary Carvalhaes como técnico de som e João Pereira, o assistente, fomos para Salvador, levando o equipamento para o estúdio JS. Lá, ele produzia disco também, mas era tudo mono, nem máquina estéreo tinha. A gente trocou todas as máquinas e colocamos os microfones que a gente trouxe. O disco do Gil é um pouco diferente do disco do Caetano. Gil aproveitou esse álbum para testar e pesquisar coisas usando a música dele, usando a tecnologia. Então, você tem aí faixas que são realmente experiências. A única gravação que não veio de Salvador e está no disco é "Aquele Abraço".

E aí, em Salvador, para fazer o disco, você é conduzido pela Polícia Federal, que achou que você estava produzindo um evento de Caetano e Gil, que estavam proibidos de fazer aparições públicas pela ditadura militar.

A gente estava trabalhando lá no estúdio e, do meio para o fim da tarde, cada um foi para o seu lado. Rogério Duprat e Ary Carvalhaes resolveram ir para um lado e eu falei que queria descansar. E não foi bem isso que aconteceu. Entrei no saguão do Hotel da Bahia, não tinha ninguém fora o rapaz da recepção. Mas não percebi que, no fundo, havia uma mesa com duas pessoas. Eu pedi a chave (do quarto) ao rapaz, ele me deu e disse: "Aqueles dois senhores querem conversar com o senhor". Cheguei lá: "Os senhores queriam falar comigo?". Eles responderam: "Sim! O senhor é o responsável pelo evento do Caetano e do Gil?". Falei: "Não, sou responsável pela gravação que eles estão fazendo no estúdio JS". "Ah! O delegado quer falar com o senhor". Fui lá, chá de cadeira sem estar sentado, fiquei em pé. Até a hora em que abriu a porta e fizeram sinal para eu entrar.

Eu entrei, não tinha cadeira para sentar. De frente para o delegado, ele sentado e eu em pé, ele disse: "O senhor é que é o responsável pelo evento?". "Delegado, o senhor me perdoa, mas eu não sou o responsável por evento... Estamos fazendo dois discos, não tem aparição pública, sabemos que Gil e Caetano não podem participar de atividade pública. Não tem nada, é fechado". O delegado: "É! Mas o senhor sabe que eles estão proibidos". Eu tinha mania de andar com pastas com os documentos das gravações que eu fazia. Eu tinha uma pasta para aquele trabalho, com as letras. Aí falei: "Desculpe, seu delegado, mas eu estou autorizado por Brasília. Com licença". Coloquei a pasta em cima da mesa dele e comecei a tirar as letras que passaram pela Censura com o carimbo "autorizado". Ele olhou com cara de "puxaram meu tapete agora". Fechou a pasta e falou: "De qualquer maneira o senhor sabe, né?". Respondi: "Doutor, o senhor está convidado a ir na gravação, quando o senhor quiser".

Só depois que eu saí eu me dei conta do que tinha realmente acontecido. Eu fui levado de um lugar totalmente vazio, só tinha uma pessoa que era o rapaz da recepção do hotel, sem nenhuma testemunha de nada. Se tivesse que desaparecer comigo... sumiu. Coitado do rapazinho ali, duvido que se apertassem ele para não dizer nada, que ele não viu nada, não era muito difícil de acontecer isso. Agradeço sempre a Deus porque me lembrou das letras, se não fosse isso eu não tinha como explicar nada.

Os dois discos, o de Caetano e o de Gil, foram gravados simultaneamente. Quem faria a base era o pessoal dos Leif's, banda do Pepeu Gomes, que acabou não podendo gravar. E aí eles gravaram a base de voz e violão em Salvador e, no caso do disco do Gil, foram gravadas no Rio e em São Paulo as participações de Sérgio Barroso no baixo elétrico, Lanny Gordin na guitarra, Chiquinho de Moraes no piano e no órgão, e Wilson das Neves na bateria, com direção musical de Rogério Duprat. E aqui tem algumas músicas que Gil fez na prisão: "Cérebro Eletrônico", "Vitrines" e "Futurível" falam justamente dessa questão tecnológica que você citou. Quando você ouviu esse repertório, qual foi sua opinião? Achou que Gil estava mudando?

O trabalho da gente sempre foi na busca de abrir caminhos. Então, tudo que ele estava me mostrando era uma experiência, era uma abertura de caminho. A estrada se alargava, então, de duas pistas passou para quatro. Então, sabe, isso é o que eu senti quando ele começou a mostrar. Para mim, tinha chance de a gente desenvolver mais coisas, procurar mais "novidades" dentro daquilo que a gente estava produzindo. Essa foi a principal impressão que me deu.

A música mais importante desse disco que Gil lançou em 1969 e você produziu é "Aquele Abraço". Queria que você contasse um pouco de como foi essa gravação, porque é uma música que, apesar daquele momento muito pesado, soa muito alegre.

Quando a gente estava com o disco já adiantado em termos de colocação de instrumentos, e apareceu a data que eles iriam sair do Brasil mesmo, Gil ligou dizendo que tinha uma música para gravar, que era para entrar no LP. Eu: "Ok". "Aquele Abraço" foi a única do disco gravada no Rio de Janeiro. Aí eu falei: "Do que você precisa?". Ele: "Me dá uma seção rítmica, um bom baixo, uma bateria e tá feito. Eu faço o violão e acabou. Depois, se precisar colocar uma coisa a mais, a gente conversa". E eu não sabia qual era a música. Nessa altura, não importava que música fosse. Qualquer coisa que ele dissesse que queria gravar, naquela hora, estava valendo mais do que qualquer coisa. A gravação já tinha conotação histórica, afinal, era a última antes da partida. Fomos para o estúdio no sábado de manhã – eles iam sair do Rio de Janeiro no domingo à noite. Foi uma sessão de gravação transpirando o tempo todo emoção, porque ele não queria parar. Tanto que chegou perto dos sete minutos a faixa inteira. Depois, eu fiquei pensando em como ele conseguiu, dentro daquelas circunstâncias, transmitir a emoção de quem não está saindo de férias. Ele não sabia quando e se ia voltar, a passagem era só de ida. E ele consegue manter o astral alto o tempo todo.

Você esteve presente quando Caetano e Gil foram embora do Brasil?

Nossa despedida foi na porta do estúdio. Eu não quis ir ao aeroporto. Eu, inclusive, saí do Rio de Janeiro logo. Não lembro se foi na mesma noite do sábado ou se eu saí no domingo, mas eu fui embora. Eu não me sentia bem.

Neste disco de 1969, tem uma música de Humberto Teixeira e Carlos Barroso que foi sucesso com Luiz Gonzaga, "17 Léguas e Meia", que é uma versão quase blues, é o início da redescoberta do Gil de Luiz Gonzaga. Tanto que, trinta anos depois, ele grava a trilha sonora do filme *Eu, Tu, Eles*, que tem várias músicas do Gonzagão. Eu queria que você falasse um pouco dessa gravação porque Luiz Gonzaga já era um grande nome da música brasileira, mas naquele momento ali, em 1969, ele estava fora da mídia. Como você viu a inclusão dessa música no repertório desse disco?

Sou fã do Luiz Gonzaga, então, quando você fala que vai colocar Luiz Gonzaga no disco me agrada muito. Quando Gil falou que ia fazer e a gente partiu para o princípio de uma banda praticamente roqueira, ele conseguiu transmitir também a origem, de onde vem esta música para cair na interpretação, no jeitão dele, nas coisas em volta dele. Eu sou muito fã dessa faixa. Eu sou muito fã desse disco, como do outro também (*Gilberto Gil*, 1968). Só que esse foi uma coisa praticamente artesanal.

O disco fecha com "Objeto Semi-Identificado", uma faixa que é um experimento, uma colagem de edições colaborativas do Gil, do Rogério Duprat e do Rogério Duarte com brincadeiras de estúdio. Rogério Duarte lê textos. É uma música muito ra-

dical. Eu queria que você falasse um pouco dela e do fato de ela fechar esse trabalho.

Exatamente por ela ser totalmente diferente de tudo, de todo o restante, ela foi colocada ali no final para fechar. Eu tenho dificuldade em expressar o que essa música quer dizer, foi uma coisa totalmente diferente que a gente fez. Eu acho que, mais do que eu falar, é melhor as pessoas ouvirem e prestarem atenção no que está acontecendo.

Como você avalia os trabalhos que fez com Gil?

Eu não consigo lembrar de nenhum produto, de uma gravação, de que não gostei. Em todas as coisas que fiz, tendo esses discos de Gil e Caetano como exemplo, todos estavam voltados para que a coisa fosse legal, que ela saísse bem, que a gente tivesse orgulho do que a gente fazia. E que ela atingisse o objetivo que todos nós queríamos. Quando você tem alguém que trabalha desse jeito, e que também tem o processo de se dedicar ao que você está fazendo, a procurar o melhor que ele possa fazer daquilo que ele está fazendo, é um presente que você ganha. Deus me abençoou com isso tudo. Mas Gil tem alguma coisa de especial, o músico que ele é. Teve uma coisa que eu falei para o Gil uma vez e ele nunca fez: eu sugeri que ele mesmo fizesse os arranjos para as músicas. "Gil, você tem que aprender a escrever arranjo, porque quando você faz a música, já está tudo ali. O arranjo já está pronto, é só transferir isso para os instrumentos."

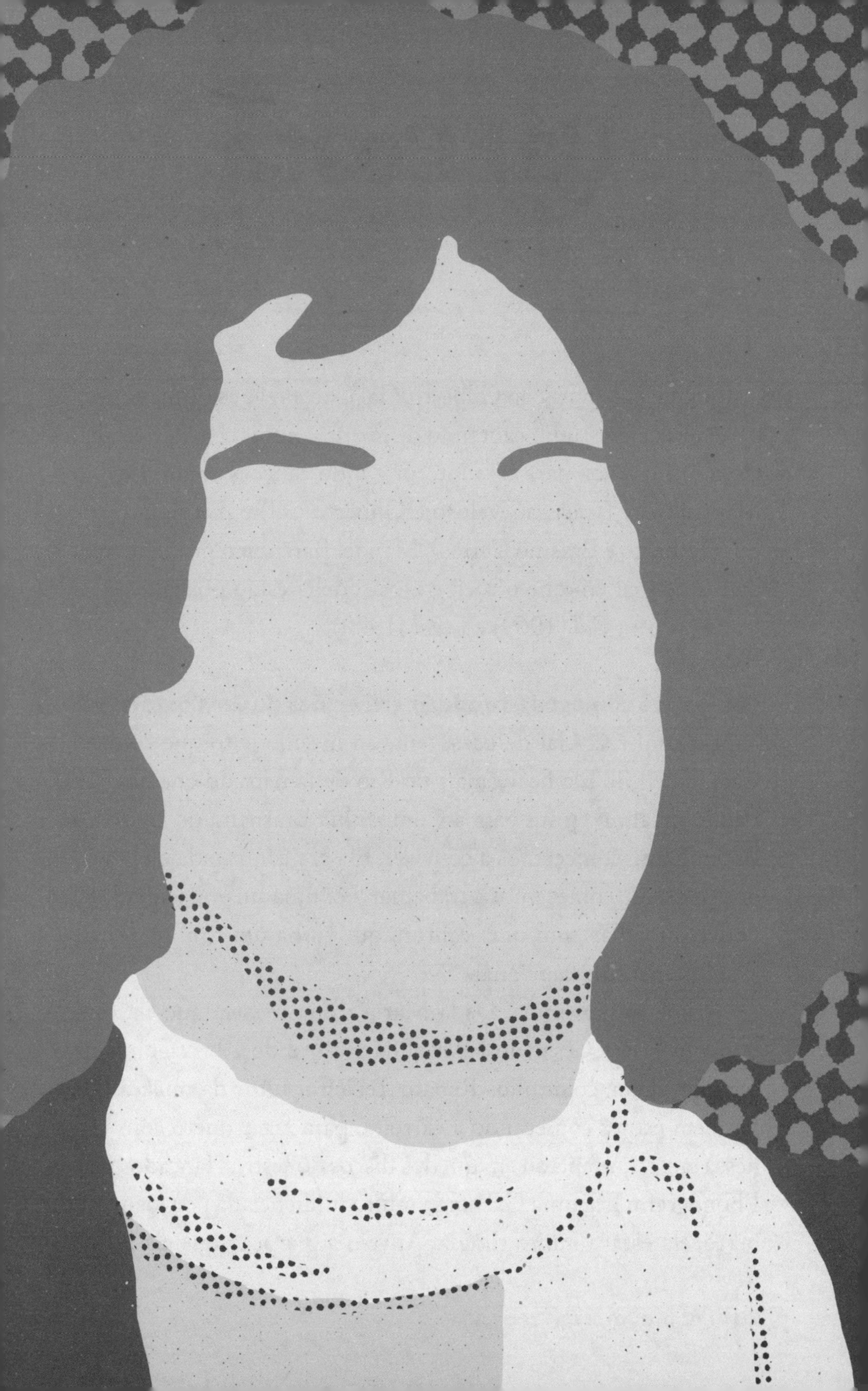

Gal Costa

Influenciada por João Gilberto, Gal Costa teve as primeiras experiências em estúdio cantando de forma contida. Na Tropicália, ela colocou a voz para fora interpretando canções como "Divino Maravilhoso" (Caetano Veloso e Gilberto Gil) e "Eu Sou Terrível" (Roberto e Erasmo Carlos). Manoel Barenbein produziu três discos de Gal em que o rock e a psicodelia estão presentes: *Gal Costa* (1969), *Gal* (1969) e *Legal* (1970).

Como você começou a produzir gravações de Gal Costa?

Eu conhecia Gal de passagem, do mesmo jeito que conheci Caetano e Gil. Ela ficava mais no Rio de Janeiro do que em São Paulo. Quando eu fui para a Companhia Brasileira de Discos, a Phonogram, começamos a conviver. Ela era contratada da gravadora e, assim, começamos a trabalhar. Foi uma surpresa agradável poder trabalhar com uma cantora que tinha um timbre de voz absolutamente excepcional.

Primeiro gravamos "Dadá Maria", uma música que ela cantou com Silvio César no Festival da Record de 1967. Como ele era da Odeon, colocamos Renato Teixeira, autor da música que também estava começando a carreira, para fazer dueto com Gal nessa faixa, que entrou em um dos discos do festival lançados pela Phonogram. Era uma Gal ainda muito influenciada por João Gilberto, ela estava muito tímida. Aí veio a gravação que ela fez de

"Baby", no disco *Tropicália*, e "Divino Maravilhoso", no Festival da Record de 1968. Depois partimos para os LPs solo dela.

Até "Divino Maravilhoso", Gal era uma cantora mais contida, a própria gravação de "Baby" mostra isso. Ela já tinha feito um disco com Caetano Veloso chamado *Domingo* (1967) totalmente inspirado em João Gilberto e, de repente, ela colocou a voz dela para fora. Você acompanhou esse processo de mudança de postura dela?

Dava para perceber que ela tinha um campo maior para se expandir. "Baby", a primeira gravação, não permitia isso, pela própria estrutura da música. Quando apareceu uma música que tinha essa abertura, "Divino Maravilhoso", ela explodiu. Dentro do estúdio já foi um negócio fantástico a performance dela. No palco, ela simplesmente quebrou tudo. E essa explosão também está em outras canções desse primeiro álbum. À medida que ela ia caminhando, ia dando seus passos, ia crescendo, ia se abrindo. Se a gente fizer uma lista das dez maiores cantoras do Brasil, ela fica entre as cinco primeiras.

O primeiro disco solo de Gal foi gravado em dezembro de 1968 e saiu em março de 1969. Antes de falarmos do processo de gravação em si, queria saber se é diferente trabalhar com uma cantora que interpreta música dos outros. No caso da Gal, como funcionou a montagem do repertório e a concepção dos arranjos nesses três álbuns produzidos por você?

Ela participava de um grupo que tinha vários compositores: Caetano, Gilberto Gil, Jorge Ben, Torquato Neto e Jards Macalé, o pessoal que estava ali entre os tropicalistas. Existe um tipo de cantor que o produtor precisa colher repertório. Quando eu produzia Jair Rodrigues, funcionava assim: eu tinha que ir atrás das músicas. Então, encontrar repertório para ela era mais fácil do que encontrar para o Jair, que também não compunha. Com Gal, funcionava assim: "Vamos fazer o disco?"; "Vamos!". Aí a gente sentava com todos e começava a delinear o que seria esse disco, para que lado ele iria. Um falava: "Ah, eu tenho uma música que acho que serve pra ela".

Eu estava na Bahia e íamos começar o processo de gravação do disco. Quando eu estava lá, alguém disse, não sei se foi Caetano ou a própria Gal, que Jorge Ben esteve em Salvador, mostrou uma música para ela e se predispôs a participar da gravação. Era "Que Pena". No caso dela, era estar junto e ir lembrando de coisas: eu tenho isso, eu tenho aquilo... E assim fomos montando o disco.

Esse álbum tem uma mesma intérprete, mas cada faixa vai trazendo uma novidade para o ouvinte. Quando eu ouço "Não Identificado", penso no que hoje temos de tecnologia para fazer esses efeitos de som da faixa. E nós fizemos artesanalmente.

E como foi a gravação de "Que Pena"?

Eu estava voltando de Salvador em uma sexta-feira e marcamos a gravação para o sábado, em São Paulo. Jorge ia fazer o violão e cantar com ela. Quando começamos a passar a música, os tons não estavam batendo legal. Não estavam certinhos, faltava aquele encaixe. De repente, me vem uma ideia na cabeça: Caetano acompanhou a gente e estava esperando terminar a gravação. Todo mundo ia sair depois, Caetano estava ali no corredor sentado, batendo papo. Eu cheguei para ele e falei: "Caê, o tom da música do Jorge para Gal serve para você também?". Ele disse: "Sim!". Eu falei: "Você topa fazer a música com ela?". Ele respondeu: "Claro, vamos lá!". E foi assim. O violão do Jorge balança legal para a leveza que é a Gal cantando. E tem as cordas que Rogério Duprat colocou posteriormente. Era como se a gente tivesse ido para o estúdio com orquestra e Jorge tivesse tocado junto. E a interpretação de Caetano e Gal ficou perfeita.

Nesses três discos que você produziu da Gal, Roberto Carlos e Erasmo Carlos estão muito presentes como compositores. E, nessa época, os dois ainda eram vistos com preconceito por parte de alguns cantores e compositores porque eram da Jovem Guarda. Como as canções deles entraram no repertório?

Essas canções vieram naturalmente, porque todos éramos fãs deles. Eu inclusive tinha sido produtor do Erasmo na gravadora RGE. Gal, Caetano e Gil adoravam Roberto e Erasmo. Era uma coisa naturalíssima colocar uma música deles no disco, procurando o que se encaixava. Nesse primeiro disco, entrou "Se Você Pensa". Nós estávamos procurando uma música que tivesse uma pegada e essa eu sinto como se fosse um blues com cara de rock.

Nesse primeiro disco solo da Gal tem também uma outra faixa bastante representativa, "Saudosismo", música de Caetano que é uma homenagem ao João Gilberto, citando várias canções de sucesso dele. E é muito interessante ver que, nesse momento super tropicalista, há uma música em homenagem ao papa da Bossa Nova.

No meu ponto de vista, essa música não é só representativa em relação ao João, é representativa de torno de todo o processo da Bossa Nova. Tudo tem ligação, aquela frase com a outra, é tudo perfeito. "Saudosismo" começa como se fosse uma música do álbum *Domingo*, voltado para o romantismo da Bossa Nova, e, no final, entram as guitarras. O arranjo do Rogério Duprat é maravilhoso, ele fez um arranjo à moda do João sem imitar o João.

No fim de 1969, sai o disco *Gal*. É um álbum bem radical: o lado A é mais radiofônico e o lado B tem faixas repletas de guitarras e distorções. O grande destaque do repertório, e que acabou se tornando um emblema da Gal, é "Meu Nome É Gal", música de Roberto e Erasmo, com arranjo muito bacana de Rogério Duprat. Como essa música foi parar no disco?

A gente começou a montar repertório e se falou muito de gravar alguma coisa do Roberto e do Erasmo. Eu me lembro perfeitamente de falar: "Espera um pouquinho. Não vamos gravar alguma coisa que já gravaram, vamos gravar alguma coisa inédita. Eu falo com Erasmo". E falei com Erasmo. "Quero uma música para Gal que não seja romântica nem um rock distorcido, mas um rock legal, que tenha uma pegada legal." Mas a ideia de "Meu Nome É Gal" é toda dele, a música já chegou assim. Tenho certeza de que, quando falei isso com o Erasmo, já saiu borbulhando coisa na cabeça dele.

Nesse segundo disco solo da Gal que você produziu, há duas músicas de Jorge Ben: "Tuareg" e "País Tropical", um super sucesso de 1969. Esse é o primeiro registro de "País Tropical", ainda que tenha saído depois da do Wilson Simonal, reunindo Gal, Gil e Caetano. Essa gravação foi feita na mesma sessão de "Aquele Abraço", na véspera de Caetano e Gil partirem para o exílio. E os três cantando sobre um país tropical. Teve alguma intenção de gravar essa música no momento em que eles estavam indo embora?

Por incrível que pareça não houve nada disso. Nós acabamos

de gravar "Aquele Abraço", que já deixou um clima emocional muito forte, então, demos aquele breque para esperar. Aí eu, como produtor, cheguei para o Gil e falei: "Você tem que botar uma música do outro lado do 'Aquele Abraço', porque é um compacto simples. Você não quer escolher uma daquelas que gravamos na Bahia para o seu disco?". E ele falou: "Não, eu não queria nenhuma delas". Eu falei: "Bom, então o que a gente põe?". Eu acho que foi o Caetano que lembrou que Jorge esteve com eles em Salvador, mostrou "País Tropical", e eles aprenderam a música. Naquela hora falaram assim: "Vamos gravar? Vamos!". Normalmente, eu não faria isso sem saber antes se eu poderia gravar, se o autor autoriza, mas nem me preocupei porque Jorge era família. Gravamos e foi também emocionante porque, como você mesmo disse, eles estavam saindo do país e deixaram "Aquele Abraço" dizendo "moro num país tropical". Realmente, foi um sábado emocionante, difícil de descrever... Não tenho palavras.

Na segunda-feira, fui solicitar a autorização formal para a editora e descobri que Jorge mostrou a música para Simonal uma semana ou dez dias antes. Simonal disse que gravaria, mas queria a exclusividade por um ano. Quem editava as músicas do Jorge era Waldemar Marchetti, o Corisco, que concordou com a proposta do Simonal, na época um cantor de grande sucesso. E aí eu não tinha mais o lado B do compacto do Gil. Por isso entrou depois no disco da Gal.

O lado A do disco é bem radiofônico, tem por exemplo "Meu Nome É Gal", "País Tropical" e "Cinema Olympia". E o lado B é um lado super-radical, com "Pulsars e Quasars" e "The Empty Boat". Isso foi pensado, deixar o lado A mais radiofônico e o lado B experimental?

> **Dava para perceber que ela tinha um campo maior para se expandir. 'Baby', a primeira gravação, não permitia isso. Quando apareceu uma música que tinha essa abertura, 'Divino Maravilhoso', ela explodiu.**

Eu me lembro que a gente estava montando as faixas e percebemos que as coisas que estavam chegando tinham exatamente essa conotação, não de serem mais radiofônicas ou menos, mas se dividiam em dois estilos. E aí elas foram sendo colocadas uma de cada lado. O B é um lado quase que experimental. Normalmente, eu fazia essa montagem das faixas junto com o intérprete, porque havia o lado artístico e também o comercial, porque tinha uma sequência de músicas que eu tinha que deixar numa comercialidade para o disco. Comercialidade no sentido de que a pessoa começa a ouvir o disco, passa a segunda, passa a terceira e ela não tira o disco da vitrola.

Vale lembrar que, nesse tempo, Caetano e Gil já estavam exilados em Londres mas continuavam mandando músicas para Gal. Como essas músicas chegavam? Vinham para você ou para ela?

As coisas de Gil e Caetano chegavam direto para ela, não tinha nem porque vir primeiro para mim. Ela ouvia, me chamava, a gente ouvia junto e decidia o que fazer e o que não fazer. As músicas vinham da maneira que dava para vir. Principalmente em fita cassete, que era o meio mais fácil, na época.

E uma das faixas de maior repercussão da Gal nesse momento, lançada primeiro em compacto, é "London, London", uma das músicas mais conhecidas do Caetano. A letra é toda em inglês, e é muito interessante uma cantora brasileira fazer sucesso com uma música toda cantada em inglês. Como você vê essa gravação?

Foi aí que muitos brasileiros começaram a compor em inglês, processo do qual o astro maior foi Morris Albert com "Feelings". "London, London", além de ter uma melodia linda, tem um texto muito bonito do Caetano. Aí temos uma cantora que não tinha até aquele momento se aventurado em músicas mais românticas. "Baby" foi um caso, mas "London, London" fez dela uma intérprete especial.

Quando a música chegou, a gente acreditou muito na comercialidade dela, porque é uma música muito bonita. E lançar antes em compacto marca um processo de não colocar no meio de um LP, mas como uma faixa separada, para mostrar o diferencial dela.

***Legal*, disco que saiu em dezembro de 1970, tem dez faixas e participações do guitarrista Lanny Gordin e de Jards Macalé, que já estavam com ela no álbum anterior. E, aqui, temos a lembrança de "Acauã", música de Zé Dantas, grande parceiro de Luiz Gonzaga, que mostra a influência nordestina da Gal.**

Não gosto de dizer que as coisas são perfeitas porque nada é perfeito nesse mundo, mas ela chega perto da perfeição. São aquelas horas que eu peço para as pessoas: "Por favor, ouça".

"Eu Sou Terrível", de Roberto e Erasmo, abre *Legal*. E a música já havia sido gravada por Roberto. Como você vê essa música na interpretação da Gal?

É um rock com palavras muito fortes. Se o intérprete não for legal, não vai dizer essas palavras. Gal tem a voz para dar o peso à frase "eu sou terrível". Gosto mais da interpretação da Gal do que da do Roberto. Não é porque eu produzi. Acho que a do Roberto tem menos punch do que a da Gal. Não havia razão nenhuma para gravar se era para fazer uma cópia da versão do Roberto. Aí entra o processo criativo, de buscar a solução. E acho que a gente encontrou uma solução maravilhosa, tanto que ela abriu o disco.

Há em *Legal* uma rara música que Gal assina como autora, "Love, Try and Die", parceria dela com Macalé e Lanny. Erasmo Carlos e Tim Maia fazem vocais. Ela parece uma jam session, um encontro de amigos.

Havia uma afinidade entre eles. Se você pedisse para um fazer alguma coisa na gravação de outro, dificilmente você ia encontrar um "não". O que eu lembro dessa história é que Macalé precisava de um coro, viu os dois no estúdio e os chamou para cantar. Eles foram numa boa.

Jards Macalé tem duas músicas nesse disco: "The Archaic Lonely Star Blues" e "Hotel das Estrelas", ambas em parceria com Duda Machado. Como foi o trabalho dele nesse disco *Legal*?

Ele e Lanny juntos deitavam e rolavam. Eles tinham a porta aberta para a criatividade e os dois são impossíveis de prender, dizer "não faça isso ou não faça aquilo". Eu trabalhei com Macalé em outras coisas e ele é uma pessoa diferenciada. É alegre, brincalhão... Mas, na hora de fazer música, ele vira um cara seríssimo. Na hora de gravar, também. "Hotel das Estrelas" é um blues. Gal consegue cantar todos os gêneros.

"Falsa Baiana" é a música que fecha o disco e totalmente diferente do que veio antes, porque é um samba de Geraldo Pereira, um grande compositor do Brasil. João Gilberto gostava de recuperar esses sambas antigos, tanto que ele gravaria "Falsa Baiana" três anos depois. Como você vê essa música no repertório de *Legal*?

Gal nasceu na Bahia. O samba está lá, ela nasceu com isso. E "Falsa Baiana", num primeiro momento, pode parecer que é do Dorival Caymmi, mas aí você vai ver que é de Geraldo Pereira, um mineiro. Não lembro quem trouxe essa música, mas todos os envolvidos no disco aprovaram. A ideia de fechar o álbum com ela, acho que foi da Gal.

Como você avalia esses três discos de Gal dos quais você assina a produção?

De zero a dez, é onze. Eu me orgulho muito, tenho a honra de ter feito esses discos de Gal. Foi um prazer ter participado. O que se fez nesses três discos deixou marcas, como todos os discos da Tropicália deixaram.

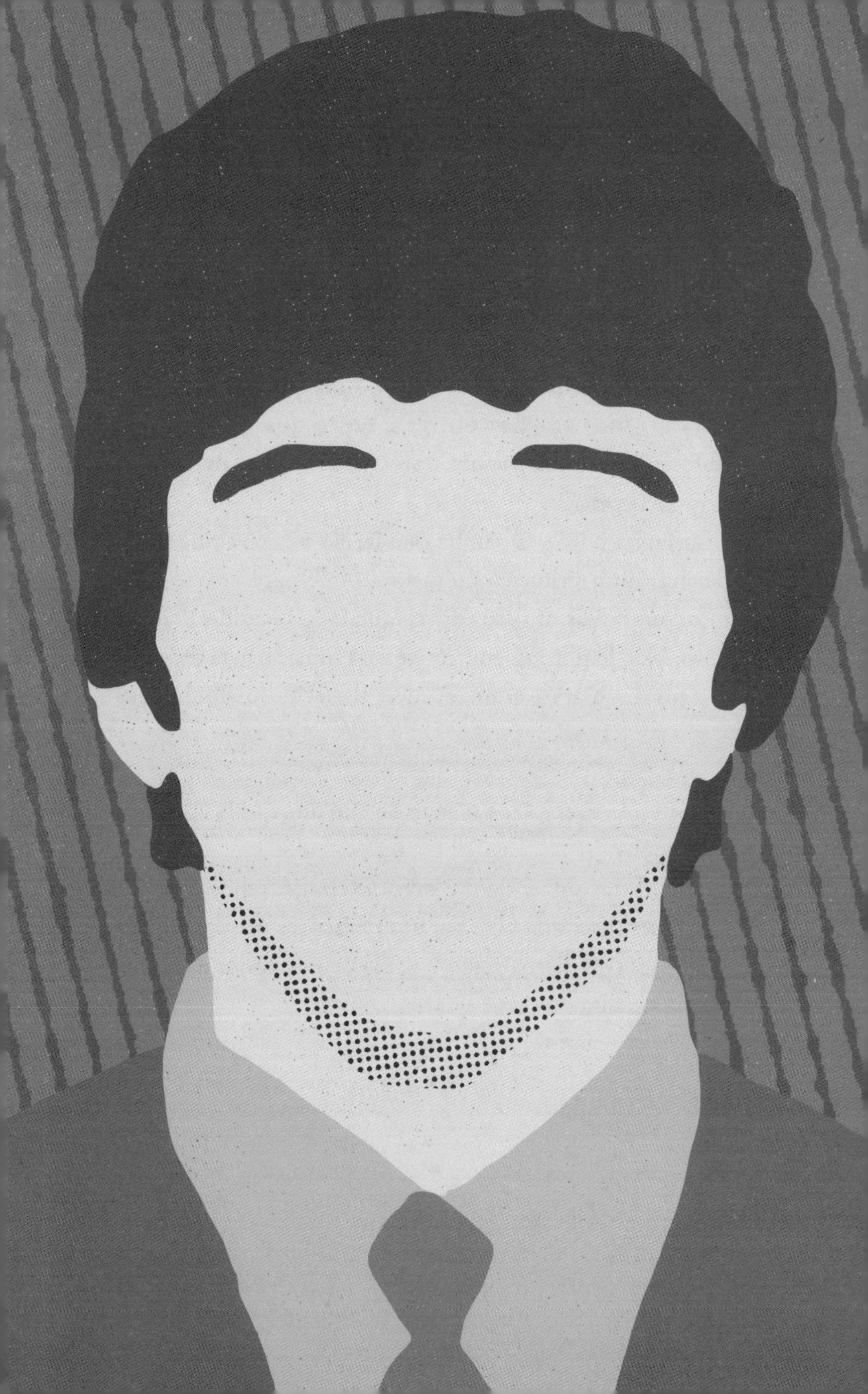

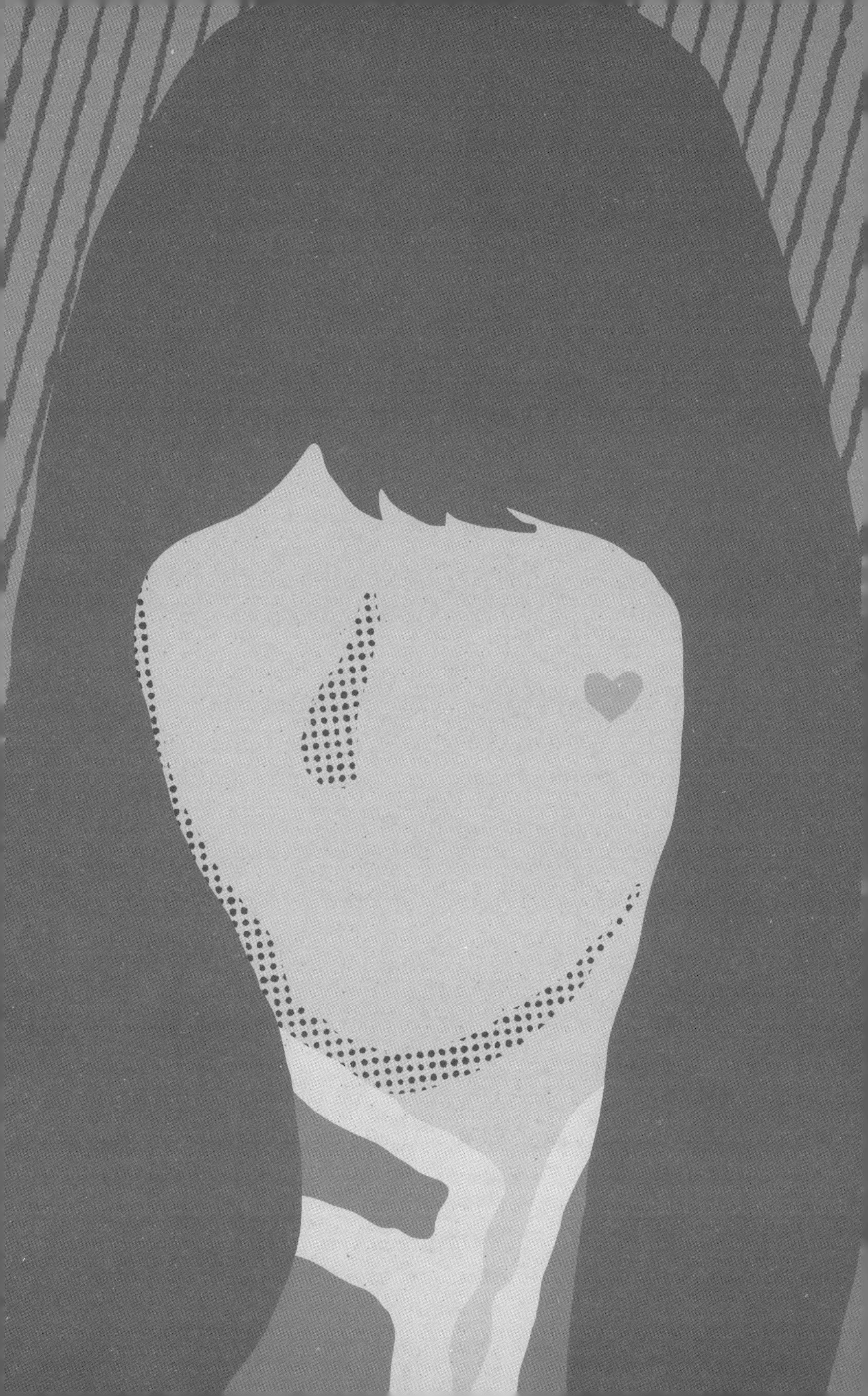

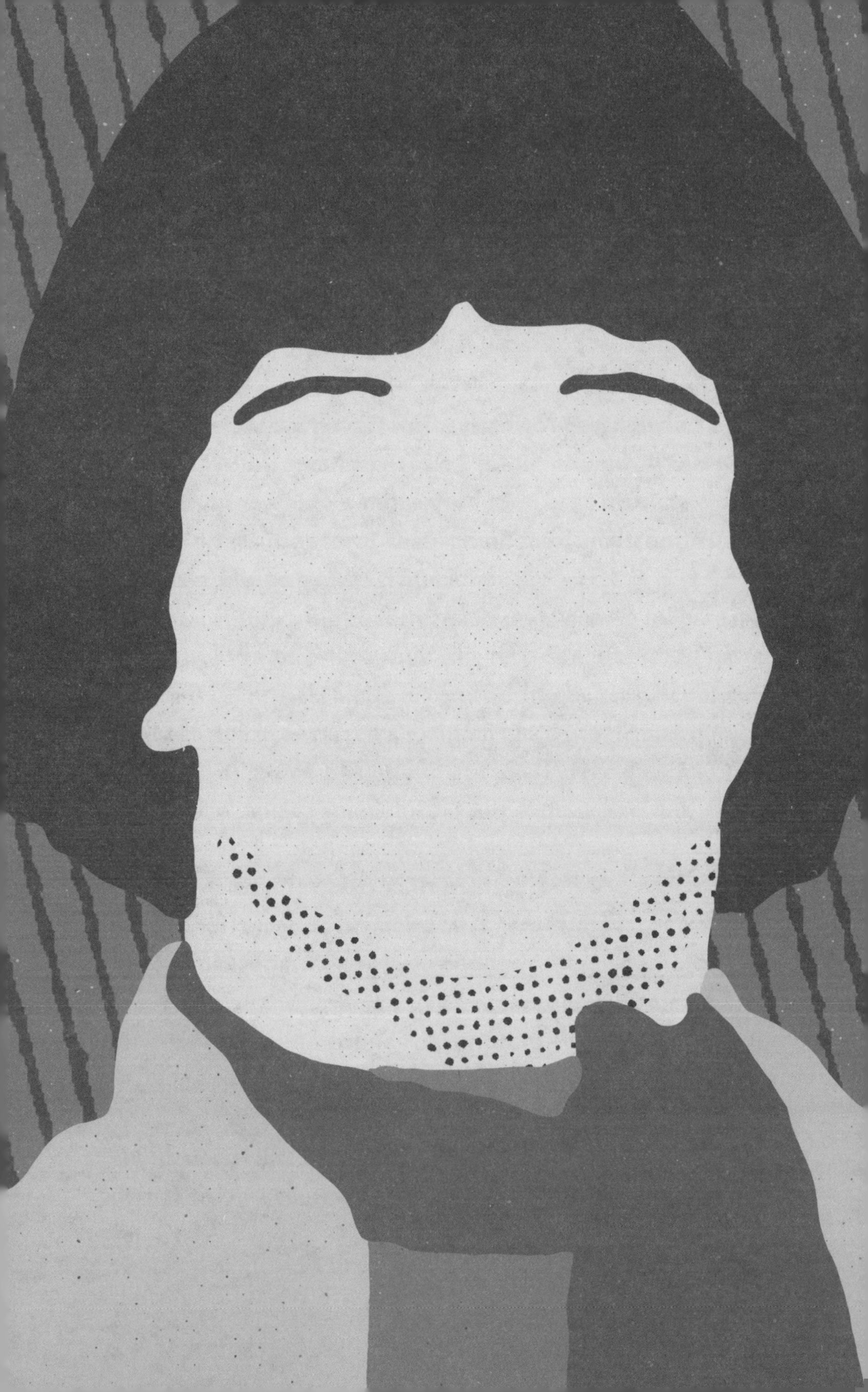

Mutantes

Após produzir "Domingo no Parque" com Gilberto Gil e Os Mutantes (que carregou o artigo definido no nome só até o primeiro álbum), Manoel Barenbein conseguiu autorização do presidente da Companhia Brasileira de Discos para contratar o trio formado por Arnaldo Baptista, Rita Lee e Sérgio Dias. Ao lado do arranjador Rogério Duprat, Barenbein foi responsável pelos dois primeiros álbuns da banda e coordenou a produção de *Build Up* (1970), primeiro disco solo de Rita Lee, baseado em um espetáculo promovido pela indústria de tecidos Rhodia.

Você conheceu os Mutantes ali nos bastidores da criação de "Domingo no Parque", música de Gilberto Gil que ficou em segundo lugar no Festival da Record de 1967. Como foi esse encontro?

Eu já conhecia os Mutantes de um programa de televisão que a gente gostava de assistir, *Quadrado e Redondo*, exibido pela TV Bandeirantes, do qual fazia parte inclusive Tim Maia. E era um programa que estava sob direção musical do maestro Chiquinho de Moraes. Eu vou aqui contar a história do ponto de vista do produtor, porque cada um conta uma história diferente: "Rogério Duprat já conhecia", "porque o Gil foi ver". A minha versão é a seguinte: todos nós conhecíamos os Mutantes, sabíamos da existência dos Mutantes. O que acabou acontecendo foi que, no dia em que a gente gravou a base de orquestra de "Domingo no Parque", gravei antes uma música chamada "Samba de Maria", cantada pelo Jair Rodrigues. O arranjo foi do Chiquinho. A gente gravou, ia ter um intervalo, em seguida entraria a orquestra que faria "Domingo no Parque", com Rogério Duprat. Chiquinho terminou, aí chegou Rogério com o arranjo. Colocou na grade dele e começou a distribuir as partes. Chiquinho foi lá e ficou fuçando o arranjo do Rogério. Quando terminou, ele chegou para mim e falou: "Manoel, tem algum problema se eu ficar para ouvir o arranjo do Rogério?". Falei que não tinha problema. Terminou a gravação e ficamos na técnica. Aliás, na gravação tem dois contrabaixos: um de orquestra, tocado pelo Sabá do Som 3[1]; e, depois, o Arnaldo dos Mutantes tocando o baixo elétrico, como Gil tinha pedido.

Aí nós estamos naquela conversa, "quem vai fazer, quem não vai fazer", e ninguém se lembrou dos Mutantes. A única pessoa que lembrou foi o Chiquinho de Moraes, que estava num cantinho, ali. Fez um sinal para mim, eu fui até ele, que me disse assim: "Por que você não propõe os Mutantes?". Foi assim. Aí, fui à casa dos Baptista, atrás do estádio do Palmeiras, em São Paulo. Conheci a casa deles, conheci a mãe deles, o pai, o irmão Cláudio César. E, obviamente, Arnaldo, Sérgio e Rita. Eu fui para o Rio de Janeiro para a reunião de produção que a gente tinha toda segunda-feira. Eu tinha 25 anos e estava ali numa posição que eu sonhava com ela, mas nunca imaginava que estaria nela. Terminou a reunião, aí eu cheguei perto da mesa de Alain Trossat, presidente da Companhia Brasileira de Discos, e disse: "Eu queria saber se o senhor me autoriza a gravar um disco, um LP, com

---

1 Sebastião "Sabá" Oliveira da Paz era o baixista do trio instrumental de jazz e samba criado por Cesar Camargo Mariano na década de 1960.

um grupo de rock em São Paulo". Ele vira para mim, olhando por trás dos óculos escuros, e pergunta: "Grupo de rock? Que grupo de rock?". Respondi que eram Os Mutantes, e ele perguntou que rock eles faziam. "É um rock no estilo inglês, com senso de humor, aquele que os ingleses usam", respondi. Aí ele falou uma frase que me marcou, que eu considero meu norte dali para frente: "Você acredita?". Falei que sim. "Então, faz", respondeu. Foi assim que nasceu o primeiro disco dos Mutantes.

O primeiro dos Mutantes saiu em junho de 1968, com um repertório de 11 músicas. Como foi sua participação na montagem desse álbum e o diálogo entre você e o trio?

A gente sentou e começou a trabalhar. A minha função ali era ouvir o que eles tinham e dizer "por quê?", "como vamos fazer?". Quando veio a ideia de regravar "Adeus Maria Fulô", música de Sivuca e Humberto Teixeira, eles queriam dar uma nova roupagem, como se fosse coisa deles. Tudo que tem nesse disco, mesmo que não seja de autoria deles, se enquadra perfeitamente na estrutura dos Mutantes.

E o disco abre, justamente, com "Panis et Circenses", que não é de autoria dos Mutantes. É uma composição de Caetano Veloso e Gilberto Gil e eu sei que você considera essa música um emblema tropicalista.

Para mim, a composição – música, letra, contexto – e a interpretação dos Mutantes são extraordinárias, além do arranjo do Rogério Duprat. A gente tinha quatro pistons no arranjo. Seria um pistonista só, mas a frase era longa e não havia jeito nenhum de o último ter fôlego. Ele escreveu a mesma frase dividida para quatro instrumentos. Essa era a cabeça do Rogério. Há coisas interessantes nessa faixa, como a famosa "sala de jantar", em que nós todos nos reunimos para dar aquele clima.

A segunda faixa é "A Minha Menina", do Jorge Ben. Rita relata que ela mesma pediu essa música para o Jorge, no apartamento em que ele morava em São Paulo. E Jorge toca violão nessa gravação. Ele não está creditado porque era contratado de outra gravadora, mas inclusive fala no início: "Todo mundo tossindo". É uma gravação muito alegre. Você tem lembranças do bastidor dessa gravação?

Tenho! É o que você falou: é uma gravação alegre, pra cima. Desde a brincadeira do Jorge tossindo, o solo do Sérgio... Se ninguém identificar o violão do Jorge Ben, você vai dizer que é uma música deles, uma música de garotos, uma música de banda de molecada. E aí entra João Kibelkstis, técnico de som: na introdução tem uma câmara de eco que eu não sei onde o João foi buscar.

Outra música de que você gosta muito é a terceira do lado A, "O Relógio", de autoria dos próprios Mutantes.

Ela traz uma singeleza, desde a introdução, os ruídos, a interpretação da Rita, a interpretação dos meninos... Não estamos falando de um tema de amor, "eu te amo", "você me ama", nada disso. Estamos falando de "O Relógio". Você interpretar isso numa delicadeza, com a sensibilidade que eles fizeram... Eles encontraram uma maneira de interpretar, de mostrar essa música, que ficou com uma pegada muito legal.

Manoel, tem outro personagem aqui nesse disco que não está creditado, mas é fundamental, o baterista Dirceu Medeiros. Os Mutantes não tinham baterista na época.

Ele não era apenas um baterista! Ele era um baterista que conhecia tudo de percussão. Em "Domingo no Parque", ele toca o berimbau. Era uma pessoa maravilhosa, alguém com quem a gente podia contar. Se eu falasse "Dirceu, não ficou legal isso. Vamos pensar em alguma coisa diferente?", ele dava outra opção. Não sabia dizer não, tinha um coração imenso. A música brasileira sente falta de pessoas assim.

Vamos falar de "Senhor F", uma música que você também apontou como uma das mais importantes do primeiro disco dos Mutantes. O que ela representa dentro desse álbum de estreia?

Ela está dentro do mesmo parâmetro de "O Relógio", para mim. Não é um rock, um hard rock. Não é nada disso. É um grupo de rock fazendo uma música inteligente, com conteúdo. Não posso esquecer: "Senhor F" tem um piano executado pela senhora Clarisse Leite Dias Baptista, mãe de Arnaldo e Sérgio, uma instrumentista maravilhosa. Ela faz um charleston fantástico nessa faixa.

E um belo dia Rita Lee aparece no estúdio Scatena, em São Paulo, com uma bomba de flit, um inseticida da época. Rita colocou água no recipiente e o pressionou durante a regravação de "Le Premier Bonheur du Jour", sucesso da cantora francesa Françoise Hardy. Qual a sua lembrança disso?

Foi no primeiro dia de gravação, à noite. O técnico de som era Stélio Carlini. Rita chega com uma sacola, parecida com aquela que os tenistas carregam, e uma das coisas que ela tira de lá é a famosa bomba de flit. Eu e Stélio ficamos olhando. Perguntei para a Rita se ela ia usar o flit na gravação. "Sim, tem um contraponto que eu tenho que fazer com o ruído da bomba de flit". Aí você pensa se não tem nenhum instrumento, uma bateria, que possa fazer o mesmo. Não tinha, porque eles queriam era aquela sonoridade. E na cabeça deles – e aí é que entra o maravilhoso da história – aquele "shh" é que interessava. Não adiantava ser um chimbal de bateria.

Nesse primeiro disco dos Mutantes, temos duas regravações de músicas que estavam no álbum *Tropicália* com outros intérpretes: "Baby", de Caetano, e "Bat Macumba", de Gil e Caetano.

Quando a gente estava fechando o repertório era importante ter "Baby". Eles tinham uma maneira de interpretar a música totalmente diferente do que Gal Costa fez. É uma canção romântica, só que a interpretação e, obviamente, a instrumentação, não têm nada a ver com o processo da Gal. Eles participaram do original do "Bat Macumba" com Gil. Quando eles sugeriram, eu fiquei meio assim, porque já tinham gravado no *Tropicália*. Eles pediram para mostrar e eu caí para trás. Serginho faz com a guitarra uns sons maravilhosos.

Você também produziu o segundo disco dos Mutantes, que saiu em 1969, no qual eles assinam praticamente todas as músicas. Como sentiu que eles estavam preparados para fazer um disco bem mais ousado?

Eu considero que isso é o natural do ser humano: você vai criando outras coisas, você vai se desenvolvendo. E os Mutantes tiveram uma grande influência do Rogério Duprat, que deu a eles uma maturidade musical. Nesse disco, Rogério é uma peça fundamental. Se os Beatles fossem brasileiros, eles teriam feito assim.

A gente pode ter como ponto de partida desse disco "Caminhante Noturno", porque foi a primeira música que apareceu publicamente, no Festival Internacional da Canção de 1968. A música tem samples de voz, um trabalho de estúdio, além do arranjo do Duprat. Como foi o trabalho nela dentro do estúdio, porque é uma música que não se esperava, vamos dizer assim, de uma banda de rock brasileira. É uma canção muito mais trabalhada, a letra é praticamente uma poesia.

O primeiro ponto é a composição: a letra e a música, que são maravilhosas. Preste atenção na música e leia a letra que você vai ver o que acaba acontecendo. A segunda é a junção com Rogério Duprat. E a terceira é aquilo que eles são. Eles tinham esse lado juvenil, mas quando você vai ver esta brincadeira é uma coisa séria.

Outra que tem uma participação muito forte do Duprat nesse segundo disco dos Mutantes é a faixa de abertura, "Dom Quixote". É mais uma música surpreendente para uma banda de rock naquele período. Acho até que o Duprat poderia assinar junto com eles a autoria dessa música... É uma canção que tem uma seriedade, mas ali para o final ela vira um deboche, porque tem a citação à música "Disparada", de Geraldo Vandré, de quem os Mutantes não gostavam.

Ela tem a mesma construção de "Caminhante Noturno". São irmãs gêmeas, para mim. E não era comum uma banda de rock falar naquele tempo em Dom Quixote e Sancho Pança. As bandas de rock, nessa época, falavam dos passeios, de namorar, de viajar. Não adianta falar que é uma obra de arte. Acho que é muito pouco. É tentar destrinchar tudo que tem ali e ouvir com calma. E imagine que a faixa foi gravada em 1969.

> *Os Mutantes tiveram uma grande influência do Rogério Duprat, que deu a eles uma maturidade musical. Nesse segundo disco, Rogério é uma peça fundamental. Se os Beatles fossem brasileiros, eles teriam feito assim.*

Há duas músicas nesse álbum dos Mutantes de 1969 que têm coautoria de Tom Zé: "2001", parceria com Rita, e "Qualquer Bobagem", com os Mutantes. Mas, falando especificamente de "2001", era uma música bem curiosa para a época.

O Tom tem um feeling, uma sensibilidade. É um compositor de mão cheia. O exemplo melhor disso talvez esteja em "2001", uma música caipira que vira rock.

No primeiro álbum, o baterista foi Dirceu, e, no segundo, Dinho Leme, que acabou acompanhando a banda até o fim dessa fase com a formação clássica. Como foi trabalhar com Dinho? Quais as diferenças dele como instrumentista em relação ao Dirceu? Eram dois estilos diferentes, né?

Eram dois estilos diferentes no geral, mas a adaptação para os Mutantes não mudava. O estilo do Dirceu é um, e o estilo do Dinho é outro. Isso com certeza existe, dá para perceber. Mas o baterista se encaixava no que eles faziam. Podia ajudar a criar, a fazer, mas o principal estava ali.

Tem uma música aqui em que aparece bem a bateria do Dinho, "Algo Mais", que é um jingle da Shell. "Algo Mais" era um slogan da Shell que a banda teve a coragem, vamos dizer assim, de incluir no segundo disco. Vamos falar um pouquinho dessa música?

A gente conversou bastante sobre isso. Quando a Shell convidou os Mutantes para fazerem um jingle, ficou tão perfeito que a gente chegou a falar: "Vamos esticar isso, vamos fazer numa música inteira". Não é um simples jingle da Shell, é uma música que tem um título muito legal: "Algo Mais". A influência que músicos, compositores e cantores brasileiros tiveram dentro da publicidade nacional foi muito importante. E entre eles estão os Mutantes com esse jingle. Não gosto de falar a palavra comercial, mas era uma música que poderia ter um grande sucesso, se trabalhada separadamente.

Outra faixa relevante desse disco, que Rita interpretou muito bem, é "Fuga Nº2", que encerra o lado A.

Rita está perfeita nessa faixa. A interpretação que ela dá, o brilho da voz, a afinação, tudo. Falando em afinação, naquela época não tinha equipamento para ir lá ajustar, tinha que ser aquilo que é. Essa música é um exemplo da maturidade dela como cantora. Tem toda aquela coisa de ambiente clássico. Por isso, a brincadeira no título: "Fuga Nº2" pode ser uma alusão a fugir, mas também a algum exemplar da música clássica.

Nesse segundo álbum, os Mutantes regravaram "Banho de Lua", sucesso da Celly Campello nos anos 1950. É um momen-

to bem alegre do disco, mas que representava um tipo de rock, naquela época, já meio fora de moda, né?

Eles chegaram com a ideia, mas regravaram com uma sonoridade em que mudam tudo da música. Nesses dois primeiros discos, eles tinham a capacidade de fazer com que as coisas acontecessem quando menos você esperava. E, no caso deles, por mais que você esperasse, quando vinha, a gente se surpreendia. Isso acontece em "Banho de Lua" também.

Você estranhou os Mutantes fazerem uma música para a integrante feminina da banda? Porque, nesse segundo álbum, tem uma música chamada, justamente, "Rita Lee".

Na hora me surpreendeu, porque quando eles mostraram a música, obviamente, não estava gravada nem nada. Quando eles mostraram, falei: "Mas peraí!". Aos poucos fui percebendo que é uma demonstração de carinho entre eles. Sabe? Tinha esse carinho... A maneira que o Serginho interpretou, sabe? Mostra como eles eram nesse tempo... Eram realmente muito entrosados. E a música e a letra, a letra principalmente, é a cara da Rita, é uma descrição perfeita dela.

Em 1970, um ano depois do segundo álbum dos Mutantes, saiu o primeiro disco solo da Rita, o *Build Up*, no qual você foi o coordenador de produção. Ela ainda estava nos Mutantes, e Arnaldo fez a direção musical desse trabalho. Como surgiu a ideia de fazer um disco solo dela?

A Rhodia, indústria de tecidos, apresentava shows especiais para divulgar seus produtos. André Midani, que já era o presidente da gravadora, me chamou para dizer que ele tinha conversado com o pessoal da empresa e com os Mutantes para que ela fizesse um show solo em um evento da Rhodia. E isso iria virar um disco. Perguntei qual era o repertório e André disse que Arnaldo cuidaria de tudo. "Eu quero que você coordene essa gravação, para que fique dentro dos custos, da qualidade nossa, toda essa parte. O resto, a parte artística, deixa com eles que já está acertado com a Rhodia como vai ser", me disse o André. E ele estava certo, tanto que a Rita depois se tornou aquela estrela que é. Eu tive que me render, não tinha muito o que fazer. Era uma decisão empresarial.

Vamos falar um pouco de "José", o grande sucesso desse primeiro disco solo da Rita, uma versão de uma música de Georges Moustaki feita por Nara Leão. "José" era uma música bem diferente das que os Mutantes costumam gravar. Como ela entrou no repertório?

Não me lembro exatamente, mas ela tem uma coisa muito legal: o texto em português é da Nara Leão, coisa que a gente não tinha visto ela fazer. Nara teve a sensibilidade de pegar tudo aquilo que gostaria de dizer, colocar em português, e a Rita fez a interpretação que fez.

Há um personagem em *Build Up* que é o compositor Élcio Decário, que assina músicas em parceria com Rita e também sozinho. Como ele apareceu?

O que eu sei é o seguinte: a Rita um dia chegou, mostrou músicas dele para as pessoas todas. Ela entrou em um táxi e o cara falou que era compositor. Rita ouviu, se encantou e disse: "Ah, são músicas muito boas". Uma das faixas dele no disco é o tango "Prisioneira do Amor", que me remete àquela Rita dos Mutantes. É uma música que os Mutantes gostariam de ter feito.

Rogério Duprat

Além de trabalhar com Rogério Duprat em discos de vários artistas, Manoel Barenbein produziu dois álbuns dele: *A Banda Tropicalista do Duprat* (1968) e *"Nhô Look": As Mais Belas Canções Sertanejas* (1970). Nesta entrevista, ele conta como surgiu a ideia de fazer dois discos, bastante diferentes entre si, do principal maestro e arranjador tropicalista.

Você e Rogério Duprat começaram a trabalhar juntos na época da Tropicália. Vocês se conheciam antes?

Provavelmente a gente se encontrou no estúdio antes da Tropicália, porque Rogério, além de maestro, era violoncelista. Mas nós começamos a trabalhar juntos em "Domingo no Parque". Foi Júlio Medaglia quem apresentou Rogério a Gilberto Gil. Júlio ia fazer o arranjo da música mas, como tinha sido chamado para ser parte do júri do Festival da Record, não podia mais. Comecei a trabalhar com Rogério e criamos uma amizade muito forte, que talvez tenha suplantado o processo profissional. Fomos próximos a vida inteira, até a morte dele, em 2006. Falo com os filhos dele até hoje.

***A Banda Tropicalista do Duprat* vem depois dos álbuns do Caetano, do Gil, dos Mutantes e do *Tropicália*. Em 1968, Duprat já era conhecido como o maestro da Tropicália. Como surgiu a ideia de fazer um disco dele?**

Ele assumiu um espaço dentro da gravadora, tornou-se um maestro importante. Naquela época, as gravadoras tinham suas próprias orquestras e havia discos dos sucessos do momento gravados de maneira instrumental. Às vezes, com coro e tudo; Ray Conniff fazia isso nos Estados Unidos, na CBS. Paul Mauriat, da Phonogram francesa, fazia sucesso no mundo todo. E a companhia resolveu fazer um disco instrumental do Rogério inspirada pelo Paul Mauriat. Assumi a responsabilidade de produzir o disco e fui conversar com ele, porque havia um formato definido. Algumas músicas, como "Chega de Saudade" e "Baby", ficaram dentro do que havia se pensado em fazer, mas, enquanto estávamos trabalhando, fomos saindo da linha, indo para uma coisa com mais humor.

Eu e ele adorávamos Spike Jones, um músico americano, regente de uma orquestra, que regravava sucessos do momento, mas com humor. A abertura do "The Rain, The Park and Other Things", hit do grupo The Cowsills, tem uma introdução que é a chuva caindo. "Quem Será?", de Jair Amorim e Evaldo Gouvêa, foi um sarro que tiramos no estúdio... Brincamos muito com o Bolão, apelido de Isidoro Longano, um saxofonista maravilhoso. E aí entraram os Mutantes para participar. Alguém falou: "Vamos regravar umas músicas antigas de carnaval?". Aí vieram "Canção Pra Inglês Ver" e "Chiquita Bacana".

Os Mutantes participam de várias faixas do disco. Como eles foram chamados?

Na hora em que a gente sentia que tinha que ter a presença deles, não tinha outro jeito. Falei com Arnaldo Baptista: "Arnaldo, é o seguinte: tem umas faixas para vocês gravarem cantando no disco do Rogério. Tudo bem?". Ele respondeu: "Pra você e para o Rogério, a gente pode dizer não?". Em "Cinderella Rockfella" e "Lady Madonna", eles participaram junto com Clélia Simone e Kier. Clélia era uma cantora de estúdio, com uma voz belíssima, e Kier, um nome todo esquisito. Essa versão de "Cinderella Rockfella" eu acho melhor que a original, da dupla israelense Esther & Abi Ofarim.

Duprat ficou satisfeito com o resultado do disco?
Não tinha por que não ficar, já que a gente trabalhava com liberdade total. Essa foi uma das coisas muito importantes em toda essa história, que é a liberdade de trabalhar. Eu era o diretor artístico em São Paulo, mas tive apoio dos meus superiores. Com André Midani até tive algumas divergências, mas era algo muito saudável. Não tinha nenhuma interferência, nenhuma.

Esse disco foi feito depois da inauguração do estúdio Scatena, na Rua Dona Veridiana, em São Paulo. E o estúdio tinha alguns problemas acústicos que aos poucos foram sendo consertados. Um deles é que a bateria entrava por todos os microfones que você abrisse no estúdio. Abria um microfone para a flauta, para os metais, para o microfone do cantor, e a bateria vazava. Ela aparecia lá no fundinho, mas aparecia.

Eu falava: "Está ruim, não está legal". Eu até hoje não sou fã da gravação sob este aspecto técnico. Acho que a gente teria tido um rendimento muito melhor se as coisas estivessem já ajustadas. Terminamos de mixar e eu levei a fita master para a sala do lado, para copiar a matriz e enviar para a fábrica, para prensar os discos.

Eu estou ali dentro — era um cubículo de dois por três (metros), dois por quatro no máximo —, a porta se abre e o Netinho, baterista da banda Os Incríveis, põe a cabeça e fala: "Escuta, como vocês conseguiram esse som? Eu estou louco para conseguir esse som... Há anos que eu venho tentando e não consigo". Tem umas coisas que são assim, cada um tem um ponto de vista.

Quando *A Banda Tropicalista do Duprat* saiu, a repercussão foi bem pequena e comercialmente não funcionou. Alguém dentro da gravadora reclamou disso?

Mas isso de um disco do Rogério não vender era natural de acontecer. Ele já tinha feito um disco com o maestro (Lindolfo) Gaya pela Phonogram. Não houve reclamações nesse sentido. Eu me lembro que, quando mostrei na reunião de produção, todos gostaram. O que acho que esse disco não teve, e aí eu até me coloco em parte como responsável, foi um caminho promocional. Fazer um videoclipe dele com os Mutantes, por exemplo, ou juntar ele e os Mutantes na televisão. Eu acreditava que bastava gravar e lançar o disco, porque Rogério já era conhecido no meio. Essa parte promocional faltou. Mas o disco é tão incrível que, 40 anos depois, ganhou uma reedição, inclusive na Inglaterra.

Em 1970, você produziu outro disco de Rogério Duprat para a Phonogram, *"Nhô Look": As Mais Belas Canções Sertanejas*, com orquestra e coro. Não era comum que um maestro fizesse um disco dedicado à música sertaneja de raiz.

Naquele momento, ninguém tinha pensado em um maestro fazer arranjos com qualidade, musicalmente falando, em cima de músicas de raiz. Eu e Rogério falávamos muito sobre música sertaneja e, quando trabalhei na Rádio Bandeirantes, fui assistente técnico do programa do Tonico & Tinoco. Foi assim que eu me inteirei da música sertaneja raiz. Eu aprendi muito.

Uma hora, eu virei para o Rogério e falei: "Você já pensou de a gente fazer um disco de orquestra fino, bonito, mas de música serta-

> **A gente trabalhava com liberdade total. Essa foi uma das coisas muito importantes em toda essa história: a liberdade de trabalhar. Eu era o diretor artístico em São Paulo, mas tive apoio dos meus superiores.**

neja?". E ele respondeu: "Por que não?". Aí levei a ideia para o André Midani, que topou. Seria um disco que ficaria em catálogo, para ser vendido sempre. Rogério e eu fomos montando o repertório, vendo o que poderia funcionar. Ele fez um trabalho extraordinário. E ele não usou muito a viola, ela entrou em uma ou outra faixa.

Se você pegar a introdução do "Vida Marvada", tem certeza de que vai entrar Gilberto Gil cantando, sabe? A estrutura de "Beijinho Doce" lembra um pouco a de "Enquanto Seu Lobo Não Vem", que Caetano gravou em *Tropicália*. Coisas do Rogério. Tem uma música que eu pedi para incluir por causa do espírito comercial dela, o bolero "Boneca Cobiçada", de Biá e Bolinha. Acho que ela não tem a ver com o restante do disco, mas eu falei com Rogério que queria gravar isso para ter alguma coisa mais comercial. Ele fez um belo arranjo para essa música.

Uma coisa que eu gostaria que você confirmasse: há quem diga que Rita Lee fez vocais nesse disco. Isso procede?

Não. Ali, o que tem é um coral de estúdio. Até por isso colocamos no crédito do disco "Rogério Duprat, Orquestra e Coro". Se a Rita tivesse participado, a gente teria colocado o crédito para ela. Como ela era da mesma gravadora, não haveria problema.

Dá para dizer que Rogério Duprat foi seu braço direito nesse período da Tropicália?

Eu tive vários braços direitos e o Rogério foi um deles. Não posso deixar de citar também Júlio Medaglia, Damiano Cozzella e Chiquinho de Moraes. Técnicos de som como Stélio Carlini, Ary Carvalhaes, João Carlos Leitão Teixeira e João Kibelkstis também me ajudaram muito. Rogério é o que ficou com o nome marcado como o maestro da Tropicália, e isso não foi de graça. Ele fez jus e merece isso. Em tudo o que a gente precisasse, Rogério estava ali.

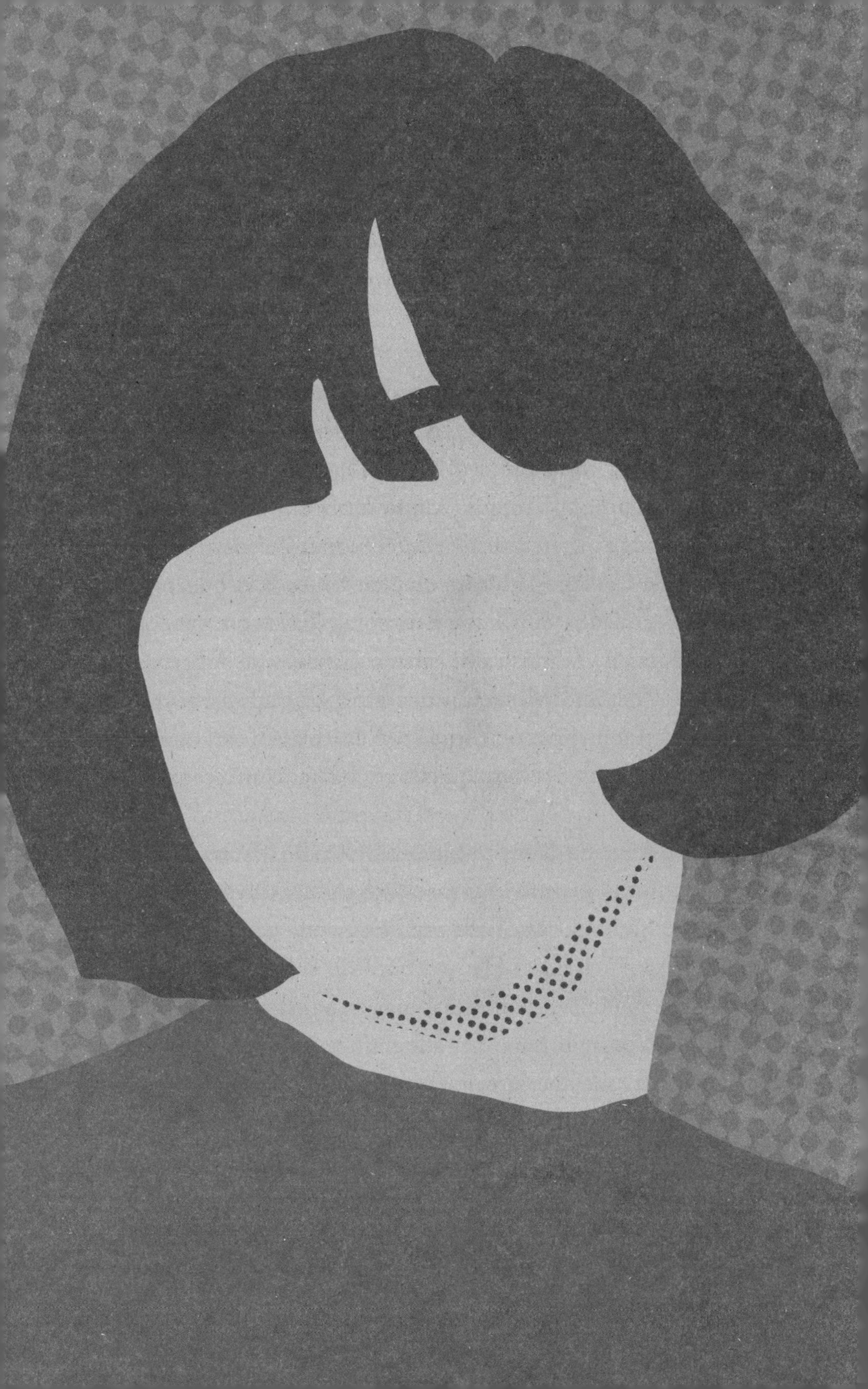

Nara Leão

Nara Leão participou do álbum *Tropicália ou Panis et Circencis* (1968) cantando "Lindonéia" e, na sequência, entrou em estúdio para gravar um disco próprio. Manoel Barenbein foi escalado para produzir aquele trabalho da "musa da Bossa Nova", que contou com arranjos e regência de Rogério Duprat. O repertório tem três músicas de Caetano Veloso e uma de Chico Buarque, mas neste álbum, intitulado *Nara Leão*, a cantora olhava com generosidade para o passado da música brasileira. Canções de Alberto Nepomuceno, Custódio Mesquita, Ernesto Nazareth e Heitor Villa-Lobos entraram no repertório. Foi o único disco de Nara dirigido por Barenbein, que revela como foi trabalhar com a cantora.

Nara já estava na Companhia Brasileira de Discos desde 1964 e teve álbuns produzidos por Aloysio de Oliveira e Armando Pittigliani. Foi ela quem escolheu você para fazer esse de 1968?

Foi. A gente já se conhecia, mas trabalhando na gravação de "Lindonéia" surgiu uma vontade mútua. Nara era uma cantora, como se diz, que queria "sair da caixinha". Quando a gente começou a conversar sobre o disco, achei que ela queria gravar mais coisas de Caetano e Gil. Mas à medida que a gente foi conversando é que eu fui entendendo o que estava na cabeça dela.

Quem olhar o repertório vai perceber que o disco não tem um

denominador comum. Ela lia, pesquisava e foi ampliando para outros caminhos. Ela pegou "Anoiteceu", música de Francis Hime e Vinicius de Moraes que Roberto Carlos cantou no Festival da Record de 1966 e que nem o próprio Roberto gravou. Até uma modinha de um compositor do tempo do Império, Januário da Silva Arvelos, ela quis gravar: "Donzela Por Piedade Não Perturbes".

Pelo que você está falando, ela trouxe o repertório pronto.

Ela veio com a ideia do disco na cabeça. A minha proposta era fazer com ela um álbum inteiro de Caetano, Gil, Tom Zé e Torquato Neto, mas quando Nara foi me mostrando o que queria gravar eu fui mudando de opinião e concordando com ela. Aí a gente foi conversando, afinando, e Rogério Duprat participou totalmente. Quem ouvir o disco vai perceber a mão dele em tudo.

Duprat fez arranjos para canções de Villa-Lobos, Custódio Mesquita, Lamartine Babo, entre outros. Como foi para ele trabalhar com essa parte do passado da música brasileira?

Esse passado fazia parte do presente dele, então não tinha segredo. Ele sabia o que era uma música de Villa-Lobos. E Rogério incentivava, trocava, trazia ideias.

Mesmo que Nara não tenha gravado somente músicas de tropicalistas, Caetano Veloso é o autor mais presente no repertório.

Desde a participação em *Tropicália ou Panis et Circencis*, Nara estava entusiasmadíssima com tudo que via e ouvia. Por isso que eu, ingenuamente, sonhei que o disco deveria ter mais compositores da Tropicália. Do Caetano, a gente colocou para abrir "Lindonéia", a mesma versão do *Tropicália*. "Mamãe Coragem" e

> **Desde a participação em Tropicália ou Panis et Circencis, Nara estava entusiasmadíssima com tudo que via e ouvia. Por isso que eu, ingenuamente, sonhei que o disco deveria ter mais compositores da Tropicália.**

"Deus Vos Salve Esta Casa Santa", as outras que ela gravou do Caetano, são parcerias com Torquato Neto. "Mamãe Coragem", ela fez de um jeito muito próprio, de uma maneira diferente da Gal. E "Deus Vos Salve Esta Casa Santa" é baseada em um tema do folclore baiano, com toques políticos, com muito da perspectiva social que eles viram na Bahia. E ela se sentia bem cantando um fox do Custódio Mesquita ("Mulher") e o tema de "Os Inconfidentes", de Chico Buarque com poesia de Cecília Meireles. Eu via que ela se apegava às músicas. O cantar dela é diferente. Nara tinha uma voz restrita, mas com essa voz ela conseguia dar uma interpretação muito pessoal. Eu brinquei uma vez com ela, falando aquela frase que dentro dos pequenos frascos tem os grandes perfumes. Se uma cantora ou cantor não consegue transmitir para você a emoção, ele não fez nada.

Como transcorreram as gravações desse disco de Nara?
Não houve nada excepcional. Ela se sentia muito bem e eu

não tinha que inventar muito, porque era uma intérprete já formada dentro de um conceito, dentro de parâmetros. Então, era só colocar um microfone na frente dela e ficar quieto. Uma vez ou outra eu dava sugestões. Mas ela já vinha pronta, não brincava, sabia muito bem o que queria e acompanhava todas as gravações.

Ela acompanhava também as gravações dos músicos?

Sim, ela viu as gravações dos playbacks todos. Não me lembro de ter produzido um disco em que eu fiz o playback, a base da orquestra, sem o cantor presente. Era regra minha. Ele ou ela tinha que estar presente e cantar ao lado para ver o tom e o andamento. Hoje, você pega e ajusta, aumenta e diminui a tonalidade, faz o que você quiser. Eu estou falando de um tempo em que não tinha tecnologia para isso. Ou cantava ou não cantava, não tinha equipamento para ir lá ajeitar a voz. O andamento tinha que estar certo e acabou. O tom, a mesma coisa.

Nesse disco, Nara gravou "Um Chorinho Chamado Odeon", que era um tango brasileiro do Ernesto Nazareth chamado "Odeon", e ela pediu a Vinicius de Moraes que fizesse uma letra. Como você vê essa faixa dentro do repertório?

É maravilhosa! Eu era fã dessa música. Vinicius colocou nessa letra um jeito para que o brasileiro pudesse cantá-la. Havia uma brincadeira entre músicos e produtores que dizia que o brasileiro "gosta do passarinho cantando", não gosta do instrumental. Quando a Nara pede a Vinicius que faça a letra, ele faz com que o brasileiro possa cantar a música.

Nesse disco ela misturou Ernesto Nazareth, Custódio Mesquita e Villa-Lobos aos tropicalistas. Na sua visão, deu certo?

> **Ela se sentia muito bem e eu não tinha que inventar muito, porque era uma intérprete já formada dentro de um conceito. Era só colocar um microfone na frente dela e ficar quieto.**

Para mim, é perfeito. Eu tenho o maior orgulho desse disco. E há algo curioso: tenho poucas fotos dessa época, nunca fui muito fã de foto, não gostava de aparecer. Mas existe uma fotografia da qual eu gosto muito. Nós gravamos esse disco no estúdio Scatena, ali no centro de São Paulo. Do lado direito, tinha um bar no qual a gente tomava café. Há uma foto em que eu, ela e Rogério estamos lá conversando. Tenho muito orgulho dessa imagem. E me dá uma ternura, porque foi um prazer muito grande trabalhar com ela.

Quando o disco saiu, Nara deu uma entrevista falando que era o melhor disco que tinha gravado até então. "Não me interessa mais gravar por gravar. Dessa vez, gostaria de apresentar algo que fosse diferente e novo ao mesmo tempo. Pela primeira vez em minha carreira, posso dizer que fiquei realmente satisfeita com um trabalho meu. Chamei o maestro Rogério Duprat, que eu acho genial, para fazer os arranjos.

Foi uma gravação bem cuidada e, modéstia à parte, ficou ótima", disse ela para a revista *Intervalo*. Você concorda?

Olha, eu não posso dizer isso, porque ela trabalhou com um dos meus ídolos na produção, o Aloysio de Oliveira. Eu não me lembrava dessa declaração, você está me mostrando algo que me emociona muito. Ela ter dito isso é um presente!

ALÉM DA TROPICÁLIA

Nesta segunda parte do livro, Manoel Barenbein responde a perguntas sobre os discos que fez com Chico Buarque, Claudette Soares, Erasmo Carlos, Jair Rodrigues, Jorge Ben, Maria Bethânia e Ronnie Von, além de discorrer sobre o álbum não lançado de João Gilberto, Caetano Veloso e Gal Costa.

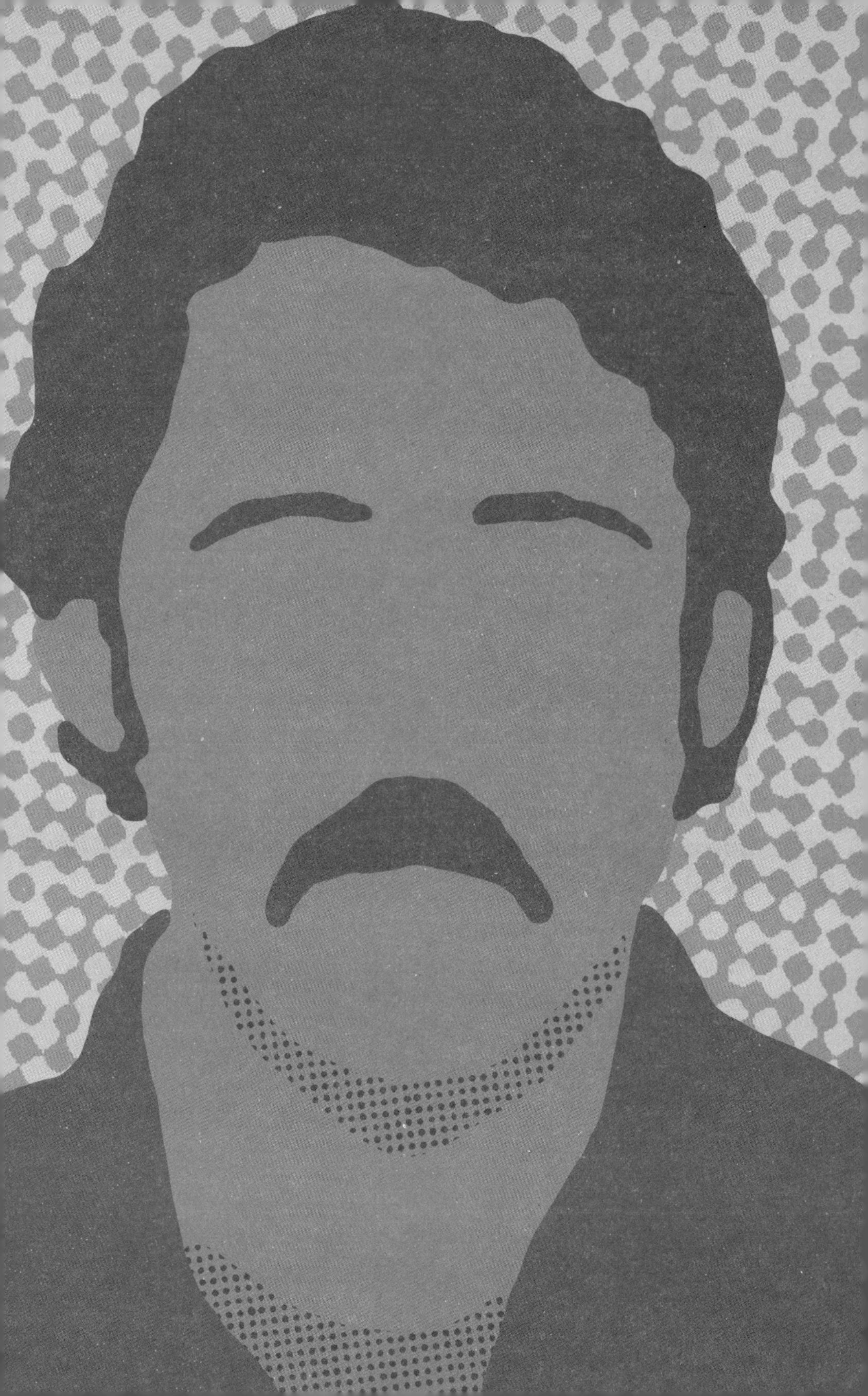

Chico Buarque

Quando Manoel Barenbein conheceu Chico Buarque, em 1965, o cantor e compositor era um estudante de Arquitetura que não queria gravar as próprias músicas. O produtor o convenceu a ir para o estúdio e os dois passaram a trabalhar juntos. Barenbein participou da produção de três álbuns do artista e dirigiu gravações de Chico que foram parar em compactos das gravadoras RGE e Philips. Nesta entrevista, Barenbein relembra o primeiro encontro com o artista e como foi estar com ele em estúdios do Rio de Janeiro, de São Paulo e de Roma, gravando canções que se tornariam parte fundamental da MPB e da história do país.

Você trabalhava na gravadora RGE quando conheceu Chico Buarque, ainda um estudante de Arquitetura. Como foi esse encontro?

Falar do Chico é uma coisa simples e complicada ao mesmo tempo, porque ele está entre os cinco maiores autores da história da música brasileira. Ele conseguia fazer uma música e um texto com uma qualidade excepcional ao mesmo tempo em que era popular. Eu o conheci em um sábado à tarde. Quem me apresentou a ele foi Toquinho. Ele iria ser meu professor de violão, mas acabou não sendo porque eu não tinha habilidade. Toquinho me ligou dizendo: "Você precisa conhecer o Chico Carioca. O cara tem umas músicas que você vai adorar, é a sua praia". "Tá bom, vamos lá."

Eu ainda não era produtor, era assistente de produção do Júlio Nagib, na época diretor artístico da RGE. Aí lá vamos eu e Toquinho, num sábado à tarde. Chegamos ali num bar na Rua Doutor Vila Nova. Imagine um bar onde cabia apenas um carro?! Era uma garagem que se transformou em bar. Ali Toquinho me apresentou ao Chico, que me disse "muito prazer", e eu respondi "muito prazer, o Toquinho falou muito das suas músicas, eu queria ouvir alguma coisa".

Aí ele puxou o banquinho. Eu sentei mais perto, por causa do ruído geral, e ele começou a cantar e tocar. Acho que foram umas 20 músicas, uma melhor que a outra. Quando terminou, ele falou: "O que você achou?". E eu falei: "Quero só saber uma coisa: você tem contrato com alguma gravadora?". Ele disse que não tinha. "Então você vai para a nossa gravadora, você vai gravar cantando". E ele respondeu: "Não! Eu não vou gravar cantando!". "Como não vai gravar?" "Não, eu não quero. As músicas estão aí. Se você quiser fazer alguma coisa com elas, fique à vontade. Mas eu cantando?" Levou um tempo até conseguir convencê-lo de que ele interpretando as coisas dele tinha um particular, uma coisa diferenciada, mais do que simplesmente dar para outro cantor.

E assim começou minha história com Chico. O primeiro disco dele foi um compacto simples com "Pedro Pedreiro" de um lado e "Sonho de Um Carnaval" do outro. Foi produzido pelo Júlio Nagib, e eu fui assistente do Júlio na gravação.

Duas músicas que chamaram a atenção logo de cara. "Pedro Pedreiro" conta justamente a história desse personagem título que fica esperando o trem chegar e o trem não chega. Já mostra um Chico que faz uma crítica social.

O processo de música social do Chico, na realidade, começou com "Marcha Para Um Dia de Sol", gravada pela Maricenne Costa. "Pedro Pedreiro" faz parte daquelas músicas do Chico que têm um texto com uma conotação social. Não é um texto de você sair cantando aí pela rua, achando que é alegre. É um texto que, à medida que você vai conhecendo, vai guardando... Ele permanece com você. Isso é um dom do Chico.

"Sonho de Um Carnaval" foi inscrita no I Festival da TV Excelsior, em 1965, o mesmo em que Elis Regina cantou "Arrastão". No festival, Geraldo Vandré defendeu essa música, e o Chico gravou a versão autoral neste compacto, mostrando uma reverência dele ao samba tradicional.

É uma música muito forte, não é à toa que ela foi para a final do festival. Eu ouvi dizer que Elis teria se interessado bastante pela música, mas ela ainda não era a Elis que seria depois, ainda estava em início de carreira. Contam que o problema é que Chico era muito tímido e Elis, muito atirada. Parece que, na timidez, ele não ficou muito animado, daí Elis se desinteressou.

Esse compacto do Chico saiu em maio de 1965 e só em outubro de 1966 foi lançado o primeiro LP (*Chico Buarque de Hollanda*). Você tem alguma memória de por que o álbum demorou a sair?

A gente estava esperando acontecer alguma coisa. O LP só saía em seguida ao primeiro compacto se tivesse um estouro. A lógica era correr para o estúdio e sair gravando. No caso do Chico, era um caminho mais lento, bem mais lento. Quase um ano depois, Chico falou que ia colocar uma música no Festival da Record, e a gente resolveu esperar para ver o que ia acontecer. Era "A Banda".

O LP também saiu porque "A Banda" teve enorme repercussão e isso contagiou a gente. Júlio virou para mim e disse: "Agora é a sua vez, vai para o estúdio e faz 'A Banda'". Tudo bem. Aí fui e gravei "A Banda". Quando "A Banda" ficou pronta, todo mundo tinha certeza de que agora o caminho estava aberto. Ao ouvir a música pela primeira vez, imaginei que seria um sucesso. Ela tem uma melodia fácil de você guardar, tem um texto popular. Na hora em que eu ouvi, sabia que não tinha erro.

Aí você começa a gravar o primeiro LP do Chico e, na primeira sessão de gravação, ele quase não aparece. Como foi essa história?

Chico estava em cartaz com um show no Rio de Janeiro e o único dia livre dele para gravar em São Paulo era domingo. Então, combinamos de gravar as primeiras duas músicas e escolhemos "A Rita" e "Juca". Conversei com ele e falei: "Posso dar esses arranjos para o Toquinho fazer?". E ele respondeu: "Claro, claro".

Toquinho escreveu os arranjos. Chegamos ao estúdio da Rádio Bandeirantes às duas da tarde. Já era algo meio caótico, porque não existia gravação no sábado e no domingo, o estúdio funcionava de segunda a sexta. Aí no domingo chegamos lá, fomos para dentro do estúdio, passamos as duas músicas. Eu tinha duas horas para fazer a gravação e fiquei esperando ele chegar.

Quando bateram as duas horas, pensei: "Não tem o que fazer, vamos embora, mais tarde eu ligo para ele". Entramos no elevador, descemos, não tinha porteiro nem nada. No que eu abro a porta, para um táxi e desce o Chico. Ele havia perdido o avião, aquelas coisas normais que acontecem. Voltamos ao estúdio e gravamos as duas.

Vamos falar então de "A Rita", uma música que até hoje é lembrada na carreira do Chico, um samba que tem algumas influências do Noel Rosa. Muita gente chamava Chico de "O novo Noel". Inclusive nessa música ele fala do "bom disco de Noel".

Para mim não tem nada de "Novo Noel". Eu acho que Noel foi um e Chico é outro outro. É que os dois falam do cotidiano com uma perfeição maravilhosa. Então você pode dizer "o Chico é o novo Noel", mas não tem nada a ver. A única coincidência é que eles falam do cotidiano da mesma maneira.

No texto da contracapa desse primeiro disco, Chico escreve exatamente assim: "Mané Berimbau, com seus braços urgentes, foi um produtor eficiente". O que ele quis dizer com esses "braços urgentes"?

Eu tenho uma maneira de me comportar quando estou produzindo. Eu fico atrás do vidro, né? Então, quando quero dizer alguma coisa, o jeito é levantar os braços. Principalmente quando é hora de dizer: "Tem que gravar, vamos lá!". Então, fico balançando os braços. "Urgentes" exatamente por isso, porque independentemente de tudo que a gente fazia, a gente tinha que controlar também o processo comercial da história. Existia uma verba, um limite para você trafegar. E, de Manoel Barenbein, ele já foi para o Mané Berimbau. É a criatividade do garoto. Eu o chamo de "garoto" apesar de a gente ter praticamente a mesma idade.

A capa desse primeiro disco ficou muito famosa. Nos dias de hoje, ela é super utilizada como meme, porque aparecem o Chico alegre e o Chico mais sério, que representa justamente essa leveza e essa seriedade da música dele. De quem foi a ideia dessa capa?

O fotógrafo foi Dirceu Corte-Real. Isso tem muita cara de ser coisa do Júlio Nagib junto com Dirceu. Os dois devem ter sentado para conversar, porque quem comandava a história ali do disco em si era Júlio Nagib. Eu ainda não tinha essa prerrogativa na RGE, a liberdade de sair do quadrado do estúdio para discutir layout e ideia de capa.

Você também produziu o segundo disco do Chico, *Chico Buarque de Hollanda Volume 2* (1967). O segundo geralmente sedimenta uma carreira. Você conversou com ele sobre a importância que esse trabalho poderia ter?

Quando você trabalha com um cantor em que ele é o compositor, o repertório está pronto, é só sentar e ir ouvindo com ele e escolhendo. É óbvio que minha função era ajudar a peneirar e dizer: "Essa é demais, isso aqui está bom, isso aqui não está bom". E, aí, de repente, você tinha 15 canções, mas no disco só cabiam 12: "Chico, eu deixaria essa três para o próximo, essas 12 aqui pra mim estão OK". Algumas coisas ele nem mostrava para incluir no repertório, tenho certeza disso.

"Quem Te Viu, Quem Te Vê", que ele fez para Nara Leão, entrou nesse álbum. É uma música para a qual ele fez várias estrofes para Nara escolher qual queria gravar e ela acabou gravando todas. Isso mostra como Chico tem uma escrita muito fina e muito comunicativa.

Com certeza. As estrofes têm uma sequência, eu olho e só posso dizer como é maravilhoso um ser humano criativo como ele fazer uma coisa dessas. O que ele quer dizer com esse "Quem Te Viu, Quem Te Vê", em relação à cabrocha por quem ele é apaixonado, é outra maneira de ver, sabe? Esse tipo de visão nem todo mundo tem. Criar toda uma história de amor em cima desse conceito, a escola de samba, a cabrocha mais linda da ala, ele apaixonado, é um dom especial.

Magro, do MPB4, fez os arranjos para esse segundo disco do Chico. Como foi trabalhar com ele como arranjador?

Chico já conhecia Magro do Rio de Janeiro, ele passava um tempo no Rio. Eu fiz uma gravação de "Noite dos Mascarados", com Chico, Odete Lara e arranjos do Magro no Rio. Músico no Rio não queria trabalhar no domingo, nem pagando a mais. A gente tinha que gravar e a única chance era no domingo. Fomos para o estúdio, Chico virou e falou assim: "Olha, eu tenho uns músicos de Niterói, o Magro…", e aí conheci o Magro. Foi muito legal e ele tinha a vantagem de trazer o coro pronto, trazer o MPB4 cantando junto.

Essa versão de "Noite dos Mascarados" do LP é diferente da que entrou no compacto. No disco, quem cantou com Chico foi Jane Morais, do grupo vocal Os Três Morais. De quem foi a ideia de chamá-la para a gravação?

A gente já usava Os Três Morais porque o vocal deles é diferente do MPB4 e Jane até hoje é brilhante cantando. Depois que o grupo se desfez, ela se casou com Herondy e com ele formou a dupla Jane & Herondy, que fez um sucesso extraordinário.

Nesse segundo disco, Jane canta sozinha "Com Açúcar, Com Afeto", outra encomenda que Nara Leão fez ao Chico. Ele escreve na contracapa que não cantou essa música por "motivos óbvios", porque a canção é de uma mulher falando com o marido boêmio. Foi uma música de grande repercussão na época.

Foi um grande sucesso e marcou o início de uma série de composições do Chico em que a mulher fala em primeira pessoa.

Ele compõe, mas a intérprete é uma mulher, é uma mulher que está falando todo aquele texto. Você vê como são as coisas do Chico com as palavras: começar uma música com "Com Açúcar, Com Afeto". Fazer essa imagem do doce que a mulher faz para o marido ficar em casa é fora do comum.

Temos aqui também uma parceria do Chico com Toquinho, "Lua Cheia", com música do Toquinho e letra do Chico. Sei que você a considera bem representativa desse período da carreira de ambos.

Ela está dentro desse conceito de música romântica e é de duas figuras a quem eu devo muito de tudo que eu fiz na minha vida. Eles me orientaram em coisas que eu nunca teria percebido, que eles trouxeram para mim.

Em 1967, na véspera do III Festival da Música Popular Brasileira da TV Record, você faz a última gravação com Chico para a RGE, que é justamente "Roda Viva", música que ele inscreveu nesse festival que marcou época. Essa canção já mostra um Chico diferente.

Eu saí da RGE para a Companhia Brasileira de Discos, a Phonogram, exatamente na véspera de sair a lista dos classificados do festival. Eu tinha que terminar algumas gravações para a RGE e ganhei o presente de produzir "Roda Viva". Considero que essa música é uma espécie de alto-relevo na obra do Chico. Eu não sei como definir, juro, mas toda vez que eu ouço me contagia mais. É como se eu estivesse ouvindo pela primeira vez, porque ela é muito forte, tem um texto fantástico. A construção musical dela mostra um Chico avançando, indo além de "A Rita", do "Juca", de "A Banda". Ele vai além em termos de composição de melodia. Ali começa a nascer um Chico Buarque diferente do anterior, com muito mais força, mais arrojado. Foi um acerto o arranjo do Magro. Quando você tem essas pessoas reunidas, é só saber juntar os pontos certos.

Você acaba não produzindo o terceiro disco do Chico (*Chico Buarque de Hollanda Volume 3*, 1968), que ficou na RGE. Você chegou a pedir à Phonogram para realizar esse trabalho e não te liberaram.

É, não tinha muito jeito. Coisas que acontecem. Chico também queria, eu sei disso. A gente esperou um pouco mais e voltamos a nos encontrar no quarto volume.

Vamos falar do álbum *Chico Buarque de Hollanda* Nº 4 (1970), que é o terceiro dele que você produziu e saiu pela Phonogram. Você foi o responsável por levar o Chico para a gravadora. Como foi costurada essa negociação?

Eu estava no Rio de Janeiro e Waldemar Marchetti, o Corisco, que era editor das músicas do Chico Buarque e foi meu arregimentador, a pessoa que chama os músicos para a gravação, me ligou: "Mané, você quer o Chico na Phonogram?". "Claro, Corisco, por quê?" "Você me arruma US$ 20 mil e eu levo ele para aí. Ele não vai ficar na RGE, já saiu, mas ele está precisando de um dinheiro, porque está na Itália, em uma situação difícil. Não faz show, não tem direitos autorais para receber porque parou de compor e de gravar e não está no Brasil fazendo sucesso, cantando". Pedi para ele esperar dez minutos que eu ligaria de volta.

Aí fui na porta do André Midani, que era presidente da gravadora. Virei para a secretária, perguntei se ele estava conversando com alguém na sala e ela disse que não. Bati na porta, abri e perguntei: "Quer Chico Buarque aqui?". "Claro, menino,

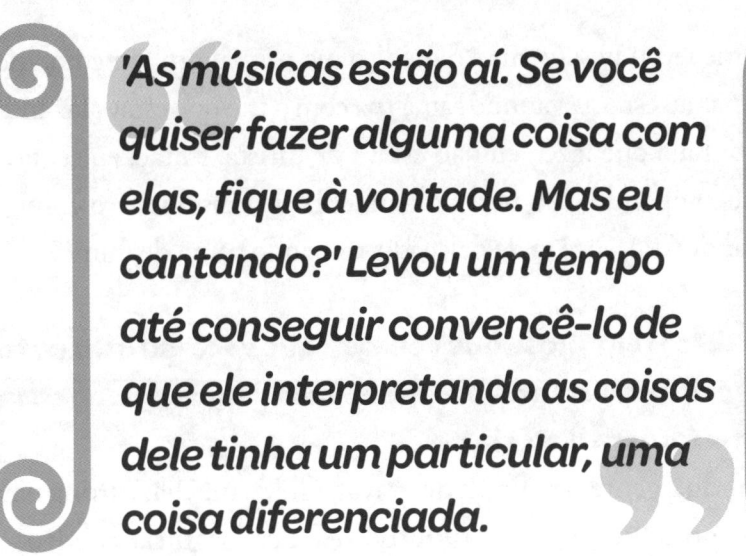

> *'As músicas estão aí. Se você quiser fazer alguma coisa com elas, fique à vontade. Mas eu cantando?' Levou um tempo até conseguir convencê-lo de que ele interpretando as coisas dele tinha um particular, uma coisa diferenciada.*

como não?". "Então me arruma US$ 20 mil?". André perguntou o porquê e eu falei que o Chico estava precisando desse dinheiro. Aí André me deu um papel para eu levar para a secretaria para reservarem esse valor.

Liguei pro Corisco, falei que estava fechado e que João Carlos Muller, advogado da gravadora, entraria em contato com ele para acertar tudo. A coisa começou a andar e André falou que eu iria produzir um disco novo do Chico: "Vai para a Itália", ele disse. E eu: "Tudo bem, mas eu não vou para a Itália sem mais nem menos. Deixa eu falar com o Chico antes". Liguei para o Chico e perguntei: "Você tem as músicas?". Ele disse: "Estou compondo". Aí falei: "Tudo bem. Vai me mandando o que você tem pronto que eu vou estudando e vou ajeitando os arranjos. Gravo uma base aqui, mando uma fita pelo correio para você ver se está tudo certo, e a gente põe a voz, tá?".

Desembarquei em Roma no inverno. Eu cheguei e peguei um problema de otite em um dos ouvidos que estava me deixando louco de dor. Ele me levou no otorrino, o médico me passou um remédio. Melhorou, mas eu estava evitando sair à rua com o frio que estava fazendo. Eu não tinha o que fazer, eu não estava de turista. Então, eu sentava, ele ficava compondo e eu ficava olhando. E ele tirando sarro comigo, perguntando: "Pô, você tá de delegado, tomando conta de mim?".

E nesse disco tem "Rosa dos Ventos", que você viu o Chico fazer. Rogério Duprat faria o arranjo, mas depois entrou o Magro. Como foi essa história?

Quando a gente terminou de gravar, Chico me deu carona para o hotel e, no caminho, ele perguntou se eu conseguiria que Rogério Duprat fizesse o arranjo de "Rosa dos Ventos". Disse que achava ótimo, que não tinha problema nenhum. Fiquei feliz porque me deixava abrir com Chico um caminho que eu estava sonhando.

Eu liguei para o Rogério, ele ficou entusiasmado. Dois dias depois Chico me liga falando: "Sabe, eu estou pensando que vai destoar do resto do disco ter Rogério no meio dos arranjos do Magro. Vamos deixar o Magro fazer isso, e Rogério entra em uma outra oportunidade"[2].

Eu disse: "Tudo bem". Antes de chamar o Magro, eu virei para o Chico e falei: "Escuta, você me autoriza a gravar essa música com Maria Bethânia?". E o Chico respondeu: "Claro!". Eu estava fazendo o disco da Bethânia e essa música caía como uma luva. Mostrei para ela, que aprovou. Liguei para o Rogério e falei: "Vou te passar o tom da Bethânia, nós vamos usar esse arranjo para ela".

A história que está nos discos é essa: no disco do Chico, o arranjo de "Rosa dos Ventos" é do Magro, e no da Bethânia, o arranjo é do Rogério Duprat.

---

2 Os arranjos de *Chico Buarque de Hollanda Nº4* são de Magro, Erlon Chaves e Cesar Camargo Mariano. Os nomes deles não estão na ficha técnica original do disco.

"Rosa dos Ventos" e "Essa Moça Tá Diferente" foram as músicas que você viu serem feitas. Chico já comentou em entrevistas que você ficou na frente dele esperando ele compor, porque ainda não tinha músicas suficientes para fechar o repertório. Vamos falar então de "Essa Moça Tá Diferente", que você escolheu para abrir esse disco.

"Rosa dos Ventos" estava praticamente pronta, eu fiquei mais tempo vendo o Chico compondo "Essa Moça Tá Diferente". Há uma história que ele nunca contou para mim, que eu ouvi quando voltei para o Brasil. Quando eu estive lá, não lembro de isso ter sido mencionado. A história é que essa música ele teria feito em homenagem a Gal Costa. Ele usa esse processo da Gal no tempo da Tropicália, quando ela se tornou tropicalista, para dizer que essa moça está diferente. Isso é o que começou a ser comentado no Brasil.

Essa música abriu o disco por ser muito alegre, isso era importante naquela hora para o Chico, ainda morando na Itália. Para mim, era como dizer: "Ó, o Chico não mudou, hein? Ele está lá, mas o Chico é isso aqui".

Outro grande momento desse disco é "Gente Humilde", uma melodia do Garoto (Aníbal Augusto Sardinha) com letra de Vinicius de Moraes e do Chico que também repercutiu bastante.

A melodia do Garoto, que foi feita anos antes da letra, é maravilhosa. Não conheço dentro da música brasileira nenhuma outra canção com essa conotação de falar das pessoas humildes com esse lirismo. É incrível que você pega uma melodia já pronta, coloca uma letra e elas casam de tal maneira como se tivessem sido compostas juntas.

Chico afirma que *Chico Buarque de Hollanda* Nº4 é um álbum de transição. Ele diz que os três primeiros trabalhos eram discos de um estudante que tinha umas músicas. E no *Nº4* ele se torna um homem. E, no momento da gravação desse, talvez até por estar fora do Brasil, ele se sente um pouco acuado. Uma música que fala explicitamente disso é "Agora Falando Sério", cuja letra diz "Agora falando sério / Eu queria não cantar". Como essa música se encaixa no disco?

Mais do que a música em si, há o arranjo, que muda completamente em relação a outros arranjos feitos para o Chico, com aquelas violas. Junto com "Rosa dos Ventos", ela faz parte do passo adiante do caminho do Chico, para chegar no disco *Construção* (1971). Na letra de "Agora Falando Sério" ele está assumindo que deu um passo à frente.

O retorno de Chico ao Brasil ocorreu justamente durante o lançamento de *Chico Buarque de Hollanda* Nº4. Meses depois, ele aparece com uma música chamada "Apesar de Você". Você deve ter sido um dos primeiros a ouvir essa música. Uma canção contra a ditadura militar que surpreendentemente passou pela Censura. Você estava ali no meio desses acontecimentos. Como Chico chegou com essa música para você e como foi a batalha para conseguir liberá-la?

Eu passei na casa dele às 11 da manhã para ouvir essa música. Não sei quem esteve lá antes, mas teoricamente eu fui o segundo a escutá-la, porque Vinicius de Moraes estava lá e passou com ele um bom tempo em que Chico estava compondo. Eu estava no Rio de Janeiro e toca o telefone na minha sala. A telefonista me diz: "Tem uma pessoa no telefone dizendo que é o Chico Buarque. O senhor acha que o Chico ligaria a essa hora, às dez da manhã?". Eu respondi: "Não sei, passa para mim que eu vejo o que é". Eu atendo e ele diz: "Ô, Manoel, você pode vir até a minha casa? Acho que eu fiz uma música que a gente pode... que tem tudo". Falei: "Tá legal".

Peguei minhas coisinhas, fui ao apartamento dele, está lá o Chico com o violão em uma cadeira de balanço e, na outra, o Vinicius com um copo. Cheguei e disse: "Oi, oi, tudo bem? E aí?". Ele respondeu: "Mané, dá uma olhada nessa letra. O que você acha?". Li e respondi: "Por mim, tudo bem. Se você for olhar no aspecto da namorada, tudo bem. Se você for olhar no aspecto do nosso presidente....".[3]

"Você acha que passa?", Chico perguntou. "Chico, eu não acho nada, a gente já tentou tantas. Agora canta, eu quero ouvir cantada". Depois que ele acabou de cantar, eu falei: "Não acho que eles vão invocar, não, acho que vai passar".

Peguei a letra que ele me deu, me despedi dele e de Vinicius e fui embora correndo para o escritório. Cheguei lá, entrei na sala do nosso advogado, João Carlos Muller, e falei: "Dá um jeito de essa passar", como se ele pudesse dar algum jeito. Ele leu e disse assim: "É, acho que pode ser". Dois dias depois, eu estou em São Paulo e ele me liga: "Você tá sentado? 'Apesar de Você' passou". Falei: "Não brinca!".

Desliguei o telefone já pensando que precisávamos gravar a música urgentemente. Ligo para o Chico e usei a mesma expressão do João: "Escuta, você tá sentado? 'Apesar de Você' passou". Ele falou: "Você está me gozando". "Não, Chico. Vamos gravar hoje, correndo, antes que eles se arrependam".

---

3   Na época, o presidente do Brasil era Emílio Garrastazu Médici, o terceiro da ditadura militar.

> *Quando você trabalha com um cantor e ele é o compositor, o repertório está pronto, é só sentar e ir ouvindo com ele e escolhendo. É óbvio que minha função era ajudar a peneirar.*

O compacto de "Apesar de Você" vende cem mil cópias até que descobrem que a música é uma referência ao estado de coisas que estava acontecendo na época. E há uma invasão das autoridades à fábrica da Phonogram.

Um dia, o Exército tomou a fábrica, parou tudo. Eu não estava presente, mas quem estava lá relatou que o comandante perguntou onde estava o disco "Apesar de Você". O gerente da fábrica mostrou onde estavam os discos, as caixas foram retiradas, os discos foram quebrados, e o Exército se retirou. André Midani foi chamado pelo Exército para se explicar.

A música passou a ser cult, todo mundo que tinha o disco tinha uma joia rara em casa. A matriz original, porém, ficou no estúdio. Eles não tinham noção disso, se não teriam ido até lá para mandar apagar a fita, quebrar a master, para não existir mais o registro.

Você chegou a fazer a pré-produção do disco *Construção*, que sairia em 1971. Mas sua transferência para a Itália já es-

tava decidida e você entregou a produção para o Roberto Menescal. Você ouviu em primeira mão todo o repertório do *Construção*, que é um disco histórico do Chico.

Eu já estava saindo do Brasil. Algumas coisas, eu ainda pegava e ajudava a finalizar. Em *Construção*, a única coisa que eu fiz foi juntar as peças e entregar ao Menescal. A participação do Rogério Duprat não era problema nenhum. Se Menescal tivesse ligado, ele também iria na hora. Eu ter ligado para o Rogério não mudou nada. E eu particularmente fico muito contente, até agradecido ao Menescal, porque ele fala que eu ter entregue para ele a produção do *Construção* foi o passo grande que ele deu (na carreira). Ele fez um trabalho maravilhoso, se entendeu muito bem com Rogério.

Você está falando de Rogério Duprat porque ele fez o arranjo da faixa "Construção", um dos arranjos mais célebres dele. Você tinha ouvido a música antes? Como se desenrolou?

Chico tinha me pedido o Rogério. Imagino que, depois de escutar o arranjo que Rogério fez para "Rosa dos Ventos", ele quis que Rogério fizesse esse arranjo para a música.

Diante de tanta música boa, de tanta história, como você avalia esses trabalhos que você fez com Chico?

Tenho que agradecer a Deus. Ele me deu essa chance, me orientou, me levou, colocou as pessoas certas no lugar certo. Você sente quando aquele artista não vai sumir. Ele vai viver anos e anos. Chico é um artista que há mais de 50 anos está trabalhando e produzindo. E o que a gente fez está aí.

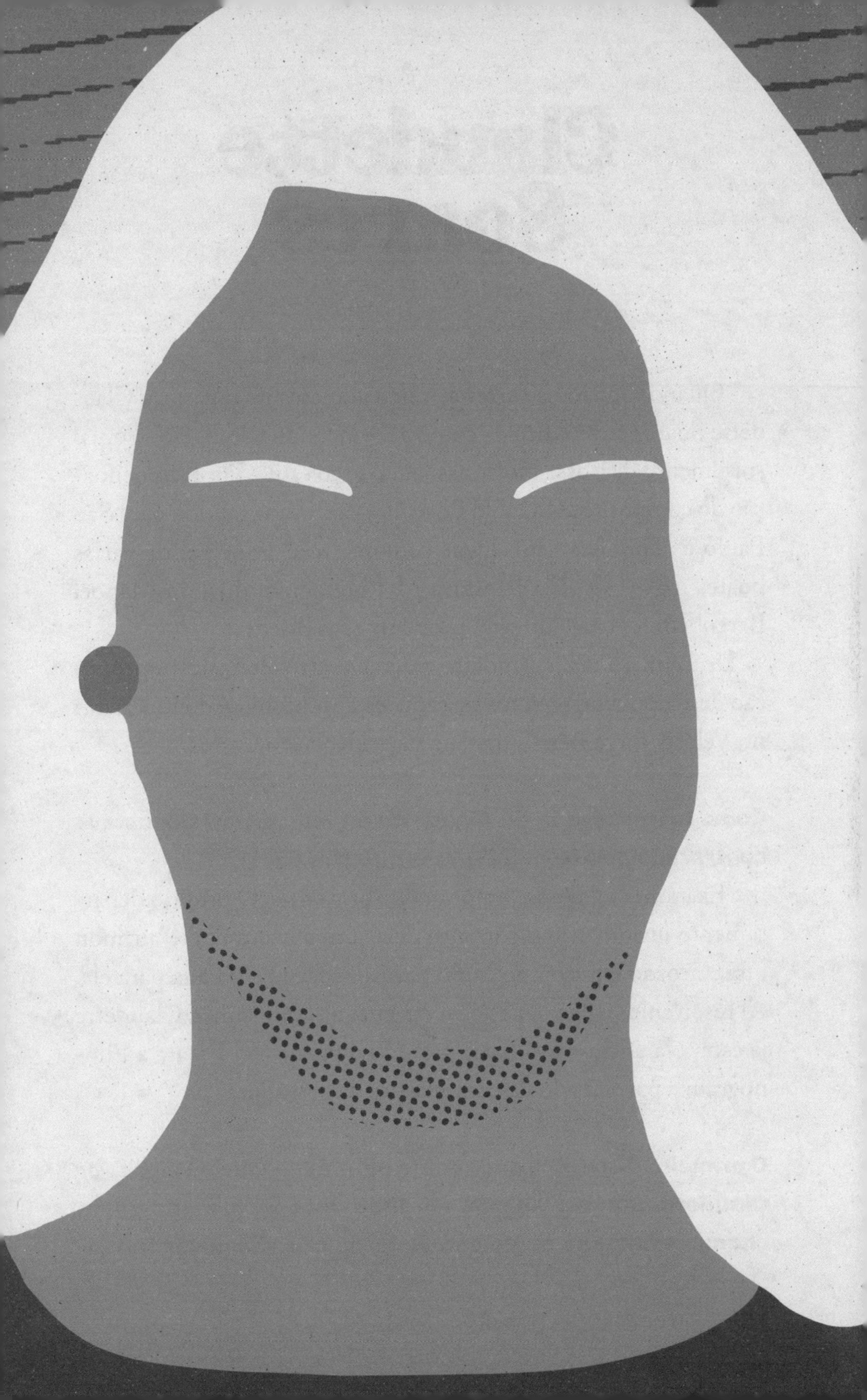

Claudette Soares

Quando iniciou a carreira, ainda adolescente, a carioca Claudette Soares era conhecida como a "Princesinha do Baião". Com o surgimento da Bossa Nova, associou-se ao estilo. Por recomendação do compositor Ronaldo Bôscoli, a cantora se mudou para São Paulo e conquistou um lugar como atração principal de várias boates da cidade. Ela já estava na Phonogram quando Manoel Barenbein foi escalado para produzir seus discos.

De 1968 a 1970, Claudette gravou quatro álbuns com produção de Barenbein, repletos de canções de Antonio Adolfo, Caetano Veloso, Jorge Ben, Luiz Gonzaga e Roberto Carlos.

Como foi a chegada de Claudette à Phonogram? Ela estava contratada pela Mocambo, mas quis sair de lá?

Exatamente! E nós compramos a briga dela. O próprio departamento jurídico viu o contrato dela com a Mocambo e afirmou que o acordo era leonino: tudo para a Mocambo e nada para ela. Aí resolvemos. Mas quando eu cheguei na companhia, Claudette já estava lá, inclusive já havia gravado o primeiro LP para a Phonogram e participado de compilações da gravadora.

O primeiro disco dela que você produz é *Gil-Chico-Veloso Por Claudette Soares*, lançado em 1968. Na época, muita gente chamava Caetano de Veloso. Hoje, os três são peças funda-

mentais da música brasileira, mas, naquele momento, por mais que fizessem sucesso, eram artistas que haviam aparecido recentemente. Como surgiu a ideia de fazer um álbum só com composições deles?

A história começa assim: o produtor precisa ir atrás de repertório para uma cantora como Claudette, que não compõe. Como eu trabalhei em divulgação, sempre pensava que não estava fazendo apenas um disco: ele precisava chamar a atenção. Quando comecei a trabalhar com Caetano e Gil, pensava em juntar as músicas deles com as de outras pessoas em um trabalho. Quando veio Claudette para eu produzir, pensei em fazer um disco com Caetano, Chico e Gil. Ela adorou a ideia.

Parece que os três escreveram as músicas especialmente para Claudette. "Frevo Rasgado", de Gil e Bruno Ferreira, é a cara dela, por exemplo. Quando eu comecei a trabalhar com ela, eu a chamei e disse: "Olha, na minha cabeça você é a Princesinha do Baião, você começou a carreira sendo conhecida dessa forma. Não que você vai ter que começar a cantar baião, mas você tem que cantar músicas que balançam".

A gente foi buscando as músicas e sentindo. Algumas cantoras não gostam muito de cantar músicas sobre mulheres, há casos em que elas se sentem pouco à vontade porque são músicas cuja interpretação é feita em cima de um personagem. Ela não, ela abre o disco com "Januária", do Chico. Tem também "Clara", do Caetano – que chamamos Gil para cantar junto com ela –, e "Lia", uma parceria de Caetano e Gil que eles nunca gravaram.

"Bandolim", do Chico, ele mesmo nunca gravou. Você lembra como essa música veio para você?

Durante o processo de produção do disco, eu também procurei os autores para saber se eles tinham alguma coisa inédita. Chico me mostrou essa, gostei e não teve erro.

No momento em que esse disco era gravado, Gil e Caetano eram da Tropicália e o Chico, não. Ele era tido como alguém ligado a uma linha musical mais tradicional. E sabemos que havia uma rivalidade entre os fãs de ambas as correntes. Houve algum questionamento no sentido de colocar músicas de Gil e Caetano em um disco com músicas de Chico?

Isso nunca aconteceu. E tem mais: eu nunca vi Chico falar uma palavra crítica que seja em relação a Caetano e Gil, e também nunca ouvi Caetano e Gil falarem mal de qualquer coisa do Chico. Eu convivi com os três praticamente ao mesmo tempo. O meu pensamento para esse disco era a música dos três. E, no caso desse álbum, eu não o coloco como parte do processo tropicalista. Chamei Rogério Duprat para fazer os arranjos, mas isso não quer dizer que o LP faça parte da Tropicália. Os arranjos do Rogério são convencionais, não há nenhuma quebra de estrutura.

Esse disco foi bem comercialmente?

Ele teve uma repercussão boa. Não chegou a ser um estouro de vendas, porque Claudette, ao contrário de Elis Regina, não apresentava um programa de televisão, mas vendeu o que a gente esperava. A junção dos três autores deu um peso a esse disco.

No ano seguinte, 1969, você faz dois álbuns com Claudette, o primeiro leva apenas o nome dela. Mas, antes de falarmos do repertório, é bom citar que o acompanhamento dos discos dela nesse período era feito pelo Som Três, que também trabalhava com Simonal: Cesar Camargo Mariano (piano), Sabá

(baixo) e Toninho Pinheiro (bateria). Ela já trabalhava com Cesar antes, mas o Som Três tinha a pegada de ritmo de que ela precisava.

É aquilo que eu falei para Claudette: que ela era uma cantora de balanço. Ela tem uma facilidade de divisão de balançar, e os três sabiam fazer isso. A gente gravava a base com o Som Três e depois entrava a parte de orquestra, feita pelo extraordinário maestro José Briamonte.

Neste disco da Claudette tem "O Cravo Brigou Com a Rosa Rosa", de Jorge Ben. Não está creditado, mas é ele que toca o violão. Naquele momento, você já estava trabalhando com ele. Você é que fez a ponte para essa música entrar no álbum?

Sim. E esse disco tem algo interessante que passamos a fazer dali para a frente: uma mistura de repertório novo ou inédito, feito por gente como Jorge, Caetano, Marcos Valle e Antonio Adolfo, com grandes clássicos da música brasileira. Nesse disco, ela gravou "Trem de Ferro", de Lauro Maia, uma música dos anos 1940 que João Gilberto regravou num daqueles discos da Odeon.

O outro disco da Claudette que você produziu em 1969 chama-se *Feitinha Pro Sucesso ou Quem Não É A Maior Tem Que Ser A Melhor*, uma alusão à estatura baixa dela. E um dos sucessos do álbum é a regravação de "Como É Grande o Meu Amor Por Você", de Roberto Carlos, que mostra uma Claudette mais romântica.

Eu estava pensando em uma música romântica para ela cantar, mas não romântica naquela linha da Bossa Nova. Aí ela sugeriu essa canção, que ganhou um arranjo perfeito do Cesar. A gravação de Claudette de "Como É Grande o Meu Amor por

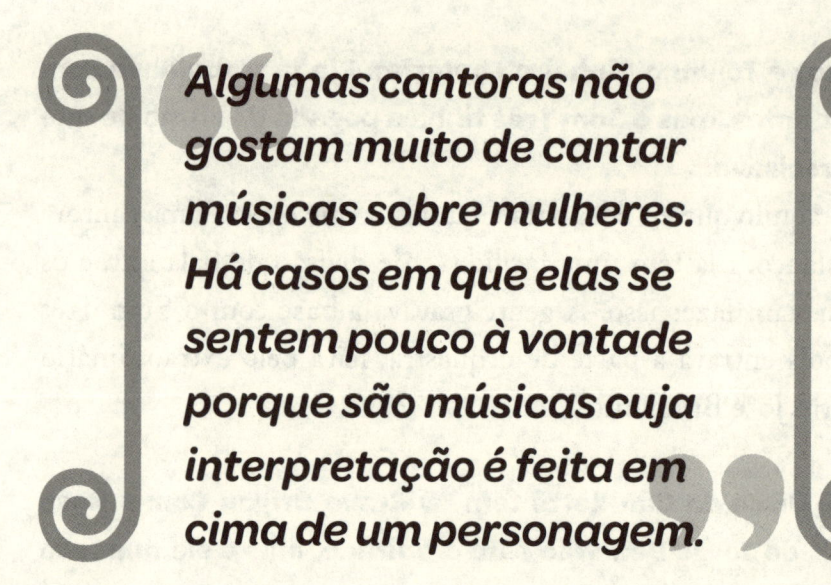

> *Algumas cantoras não gostam muito de cantar músicas sobre mulheres. Há casos em que elas se sentem pouco à vontade porque são músicas cuja interpretação é feita em cima de um personagem.*

Você" foi o sinal de que ela podia gravar mais coisas do Roberto, tanto que anos depois ela gravou em primeira mão "De Tanto Amor" e "Você".

Em *Feitinha Pro Sucesso ou Quem Não É A Maior Tem Que Ser A Melhor* há "Que Maravilha" e "Carolina Carol Bela", duas canções da parceria de Jorge Ben com Toquinho, pessoas com quem você convivia bastante na época.

Eu procurei coisas do Jorge para esse disco da Claudette, porque qualquer música dele cairia muito bem para ela. Quando o LP saiu, Jorge já tinha registrado em um compacto com Toquinho essas duas. "Que Maravilha" já era sucesso. Eu tinha um relacionamento muito bom com Waldemar Marchetti, o Corisco, dono da editora Arlequim, que tinha também uma editora com Jorge Ben. Eu sempre batia na porta do Waldemar para perguntar se tinha algo novo e essas, acredito, devem ter chegado assim.

O repertório também resgata "Qui Nem Jiló", de Luiz Gonzaga e Humberto Teixeira.

É aquilo que eu falei antes: a gente sempre escolhia algo do passado para fazer uma nova roupagem. Como ela tinha esse histórico de "Princesinha do Baião", a gente ia atrás de músicas de Luiz Gonzaga. Essa versão é maravilhosa.

***Claudette* Nº3 saiu em 1970 e foi o último disco que você fez com ela. Olhando o repertório, há três canções da dupla Antonio Adolfo e Tibério Gaspar: "Glória, Glorinha", "Vermelho" e "Ao Redor". Naquele momento, eles estavam aparecendo bastante, especialmente depois que Tony Tornado cantou "BR-3" no V Festival Internacional da Canção da TV Globo. Você achou que eles tinham a ver com o estilo dela?**

Eles realmente estavam em uma fase ótima. "Vermelho" é uma canção muito bonita. O estilo musical do Antonio Adolfo tinha muito a ver com Claudette. Mas é preciso dizer que esse álbum tem um repertório muito poderoso e plural, seguindo aquela linha de mesclar coisas novas com coisas do passado. Ao mesmo tempo em que tem "Se Você Quiser, Mas Sem Bronquear", de Jorge Ben, e "As Flores do Jardim da Nossa Casa", de Roberto e Erasmo, Claudette regravou "Pescaria (Canoeiro)", do Dorival Caymmi, e "Baião", outra da dupla Luiz Gonzaga e Humberto Teixeira. Montar um repertório bom assim é difícil: a música tem que cair como uma luva para a cantora e ao mesmo tempo trazer algo diferente se já for conhecida. E isso Claudette fazia muito bem.

Outro compositor que estava aparecendo na época era Tim Maia. Neste disco, ela regravou "Não Quero Nem Saber", que Erasmo tinha lançado em 1968.

Preciso contar uma história antes: Tim e eu já nos conhecíamos porque eu produzi o primeiro compacto dele pelo selo Polydor, depois de recomendações de Eduardo Araújo e Erasmo Carlos, com "Jurema" e "Primavera (Vai Chuva)". Aliás, Roberto e Erasmo se comprometeram a fazer a produção, mas eles acabaram viajando para o Japão durante as filmagens de *Roberto Carlos e O Diamante Cor de Rosa* e eu assumi. Só que eu e Tim ficamos um tempo estremecidos: antes de gravarmos, ele havia me pedido uma queixada de burro para colocar em "Jurema". Hilton Acioli, do Trio Marayá, tinha essa queixada, era um instrumento (de percussão) característico deles e ficou célebre depois da participação do grupo em "Disparada", que Jair Rodrigues cantou no Festival da Record de 1966. Como Hilton era meu amigo, deixei para pedir a queixada na véspera da gravação. Liguei e ele negou, dizendo que a queixada era uma característica do grupo.

Gravamos "Primavera" e falei com o Tim que não tínhamos a queixada, mas iria deixar um dos quatro canais de gravação livre para colocarmos outro instrumento de percussão em "Jurema". Ele disse que, se não tivesse a queixada, não gravava. Fui tentando convencê-lo e ele ficou irredutível, não queria conversa. Aí eu disse para ele: "Tim, ou você grava agora ou rasgo teu contrato e apago a fita com o que você já gravou".

Ele, daquele tamanho, veio para cima de mim. Arnaldo Saccomani, meu assistente de produção na época, foi quem separou a briga, levou o Tim para fora do estúdio e o convenceu a gravar. Ficamos um tempo afastados e é justamente nessa época que André Midani, presidente da gravadora, divide a direção artística dos selos Philips e Polydor: eu fiquei com a Philips e Jairo Pires, que vinha da CBS e tinha produzido um outro compacto do Tim naquela gravadora, com a Polydor. A partir dali, Tim ficou sob responsabilidade do Jairo.

Contei tudo isso para dizer que, enquanto eu estava no meio da produção desse LP da Claudette, a gente já tinha voltado a ficar bem um com o outro e Tim já era um nome nacional. Pedi músicas para a Claudette, ele mostrou "Não Quero Nem Saber", e eu falei: "É essa aí". Quando apresentei a Claudette, ela também gostou. Eu e ela tínhamos uma conexão, vamos assim dizer, que não ficava nunca num negócio de "deixa eu pensar". Não tinha isso, porque era na cara, sabe? Se funciona, é porque a gente gostou. Se a gente gostou, vai funcionar. Se a gente tem dúvida, não entra. É isso.

Outra música que tocou bastante nas rádios é "Hoje", de Taiguara, que ele já havia gravado.

É uma interpretação fortíssima! Ela entendeu perfeitamente aquele texto do Taiguara, que sabia misturar questões sociais e amorosas. Quando gravou, ela viveu a música. Além da cantora que é, ela também é uma grande intérprete. Tem muita gente que canta e não interpreta ou que interpreta, mas não canta. Em "Hoje", Claudette mostra todo o potencial que tem.

Claudette fala que você foi um produtor fundamental para ela. E você, o que acha desses trabalhos que fizeram juntos?

Se ela não fosse a cantora e pessoa maravilhosa que é, a gente não teria chegado lá. Eu sabia do potencial dela e a incentivei para que ela gravasse coisas mais balançadas. Claudette nunca botou dificuldade em nada, só trouxe alegrias e buscava soluções para que a gente fizesse os discos da melhor forma possível. Hoje, ouvindo tudo o que fizemos, fico impressionado: são quatro discos excelentes.

Erasmo Carlos

Com a Jovem Guarda no auge e morando em São Paulo, Erasmo Carlos foi apresentado a Manoel Barenbein. O produtor dirigiu as gravações de dois discos do compositor na RGE: *O Tremendão* e *Erasmo Carlos*, ambos lançados em 1967. Quando ocupava o cargo de diretor artístico do selo Philips, Barenbein contratou Erasmo para o elenco da companhia, após o estouro de "Coqueiro Verde" e "Sentado à Beira do Caminho". Juntos, os dois percorreram estúdios do Rio e de São Paulo para gravar um disco que se tornaria antológico: *Carlos, Erasmo* (1971), que sedimentou a maturidade artística do cantor e compositor.

Sua aproximação com Erasmo Carlos ocorreu logo no início da Jovem Guarda. Como você o conheceu?

Ele era artista da RGE, gravadora onde eu estava trabalhando. Eu também ia muito à TV Record, estava lá no programa *Jovem Guarda* todo domingo. Assim fiquei conhecendo ele. Roberto, eu também já conhecia, porque tinha trabalhando na editora Fermata e algumas composições da dupla foram editadas lá. Eu ia na Rua Albuquerque Lins, no Centro de São Paulo, onde o Roberto morava, para pegar assinaturas dele.

Erasmo gravava discos no Rio, com produção do Benil Santos. À medida que ele começou a ficar mais em São Paulo, Júlio Nagib, diretor da gravadora, me escalou para produzi-lo. Aí a gente começou a conviver. Saíamos juntos, toda semana, eu, ele, Jorge Ben, Tim Maia e Dedé Marquez, baterista do Roberto Carlos. Íamos para a boate Cave. E, no sábado, a gente se via novamente para comer feijoada no Bolinha, às cinco da tarde.

Trabalhar com Erasmo sempre foi uma coisa muito tranquila, saía muito fácil, a gente se entendia muito legal. Lembro que a gente ensaiou muito com os Fevers para as gravações. Quando acabava o programa *Jovem Guarda*, a gente ia para o estúdio gravar o que precisava.

Nessa época em que você passou a produzir os discos do Erasmo, ele estava brigado com Roberto. Wilson Simonal recebeu Erasmo para dar um prêmio de compositor para ele em um programa de TV e Roberto não foi citado. Houve um estranhamento ali. É por isso que o repertório desses dois álbuns de 1967 tem muitas músicas de outras pessoas?

Essa briga, vamos assim dizer, entre aspas, dos dois, eu não convivi com isso. Então, eu sei porque ouvi dizer. Na verdade, a gente procurava por repertório, não importava o autor. Pelo menos nunca me foi colocado "olha, não quero gravar música de parceria minha e do Roberto".

O primeiro disco que você produziu do Erasmo se chama *O Tremendão*, de 1967, e abre com essa faixa título, "O Tremendão", que é o apelido de Erasmo. Mas a música não é dele, é de Marcos Roberto e Dori Edson. Você lembra como essa música apareceu?

"O Tremendão" foi uma que veio direto dele. Porque havia todo o processo e vivência de Erasmo e Marcos Roberto den-

> *"Comecei a conversar com Erasmo sobre o que seria um novo disco. Precisávamos fazer algo marcante. Nesse período em que saí da RGE até a gente se reencontrar na Phonogram, Erasmo foi mudando, (...) passou a cantar melhor."*

tro da Jovem Guarda, então, vinha muita coisa de conversas deles. Do mesmo jeito que um dia eu pedi para o Erasmo "Meu Nome É Gal", entendeu? Isso acontecia entre eles, um gravava música do outro.

No disco *O Tremendão*, tem um outro clássico que muita gente acha que é composição do Erasmo, mas não é. "Vem Quente Que Eu Estou Fervendo" é de Carlos Imperial com Eduardo Araújo, um grande sucesso.

É o que eu disse: era todo mundo amigo. Nós saímos juntos em um carnaval, eu, Erasmo, Imperial e Dedé (Marquez), e fomos para o Clube Monte Líbano. A convivência era tanta que quando alguém tinha alguma ideia, saía alguma coisa e sentia que era para determinada pessoa, vinha direto. Foi o caso dessa música.

Ainda em 1967, você faz um segundo disco com Erasmo, que se chama apenas *Erasmo Carlos*. E o hit dele foi "O Caderni-

nho", de Olmir Stocker, conhecido como Alemão, que era guitarrista. Você imaginava que essa música seria o sucesso que acabou sendo?

Ela é uma música que é de uma singeleza total, pelo seu texto. No primeiro minuto, pensei: "Mas o Erasmo cantando desse jeito uma música falando de estudante, que ele já não é mais…". Neste primeiro momento me baixou aquilo. Mas aos poucos eu fui entendendo que não tinha nada a ver o que eu estava pensando, era bobagem. Não tinha nada a ver. E essa música, se você for olhar, ela tem o sabor da Pilantragem do Wilson Simonal. Nessa época, Erasmo e Jorge moravam juntos em São Paulo, então acho que Erasmo ficou bastante influenciado pelo estilo do Jorge, esse lado mais samba-rock. Várias faixas do disco soam assim.

Nesse mesmo disco, *Erasmo Carlos*, ele grava "Não Me Diga Adeus", uma marcha carnavalesca. E que já era algo bem diferente do que ele estava acostumado a fazer. Em *O Tremendão* ele gravou "Eu Sonhei Que Tu Estavas Tão Linda", de Lamartine Babo, e aqui ele grava o "Não Me Diga Adeus", que já mostra um Erasmo reverente ao passado da música brasileira.

"Não Me Diga Adeus" é a cara do que Jorge fazia na época. A releitura é bem samba-rock. Como eu disse, isso estava na cabeça do Erasmo. Essas músicas de carnaval marcaram a vida da gente, que ia a bailes nos anos 1960. "Não Me Diga Adeus" foi uma música que Erasmo tirou do baú.

Você deixou a RGE no fim de 1967. Quando ocupava o posto de diretor artístico da Phonogram, em 1970, você levou o Erasmo para a gravadora. No livro de André Midani,

***Do Vinil ao Download**, ele conta que você falava para ele prestar atenção no Erasmo, que era um artista interessante para trabalhar. Como foi essa conversa com Midani para trazer o Erasmo?*

Eu queria o Erasmo lá porque eu sabia o potencial do Erasmo, o que ele mostraria no disco que fizemos em seguida. Mas André o via como um remanescente da Jovem Guarda que não era o Roberto, que vendia um milhão de cópias no final do ano, e tinha um catálogo que vendia outro milhão. No primeiro instante em que comentei, André perguntou: "Você acha?". E eu falei: "Acho por isso, isso e isso... Ele tem músicas, ele tem gosto, ele tem conteúdo. Ele também é aberto para a gente fazer um caminho menos passado e mais futuro para ele". Aí ganhei o sinal verde.

Comecei a conversar com Erasmo sobre o que seria um novo disco. Precisávamos fazer algo marcante. Nesse período em que saí da RGE até a gente se reencontrar na Phonogram, Erasmo foi mudando, se deixou influenciar por outras coisas, passou a cantar melhor. Apesar de a gente estar afastado profissionalmente, continuei convivendo com ele e via isso. Esse disco de estreia de Erasmo na Phonogram, o *Carlos, Erasmo*, é fantástico, o melhor dos três que produzi dele. Canções como "Mundo Deserto", "Gente Aberta" e "É Preciso Dar Um Jeito, Meu Amigo" têm uma conotação política e social, diferente daquele Erasmo com quem eu havia trabalhado em 1967.

Lembro do André elogiando quando ficou pronto: "Está extraordinário, muito bonito". Quem está como diretor de estúdio é Paulo de Tarso, que era meu auxiliar. Eu já estava quase me despedindo do Brasil para trabalhar na Itália e quis dar a ele um espaço, ele ficou coordenando a gravação dentro do estúdio.

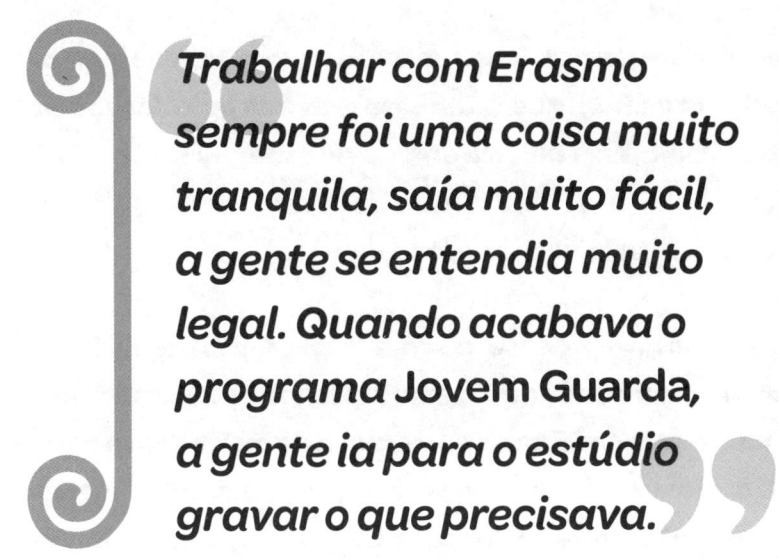

> *Trabalhar com Erasmo sempre foi uma coisa muito tranquila, saía muito fácil, a gente se entendia muito legal. Quando acabava o programa Jovem Guarda, a gente ia para o estúdio gravar o que precisava.*

Carlos, Erasmo abre com "De Noite Na Cama", que é uma música que Caetano Veloso fez especialmente para Erasmo e mandou de Londres. Você teve alguma participação assim no pedido dessa música, em como essa música chegou?

Ela chegou como sempre: em uma fita cassete. Chegou, a gente ouviu e não teve dúvidas. A questão era como ajeitar e fazer isso. Erasmo ajudava muito nisso, porque ele ouvia muitos discos e se interessava em saber das coisas que aconteciam em volta. Aí junta um pouquinho disso, influência daquilo, uma ideia minha sobre isso, uma ideia dele sobre aquilo, e vamos gravar. "De Noite Na Cama" tem uma levada de samba-rock, que tem a ver com a convivência de Erasmo e Jorge.

Você escolheu essa música para abrir o disco, mas no final da faixa, ele solta um "Viva o Mané". Quem é o Mané?

(risos) O único Mané que tinha ali era eu, não tinha nenhum outro. É a história que eu falei antes, da amizade que a gente criou no meio dessa convivência artística.

Há um resgate em *Carlos, Erasmo* que é "Agora Ninguém Chora Mais", do Jorge Ben, que tinha sido gravada pelo Jorge seis anos antes. Como essa música entrou no repertório?

É aquela história da convivência de Jorge e Erasmo. E essa versão da música vai mais para o lado do rock.

Outra grande música desse disco é "Dois Animais na Selva Suja da Rua", de autoria do Taiguara. Ele toca piano na faixa, embora não esteja creditado porque era de outra gravadora, e Lanny Gordin toca guitarra. Como foi juntar Lanny e Taiguara, dois músicos de influências tão distintas, na mesma faixa?

Primeiro, é uma música fortíssima. Taiguara era uma grande fonte de inspiração e não é dado a ele o crédito que ele merece na história brasileira. E Lanny o viu tocar o piano e mandou a guitarra do jeito que tinha que mandar. Com isso, a faixa ficou com uma força extraordinária. É uma pena que ela não tenha feito sucesso. Os hits desse disco acabaram sendo "De Noite Na Cama" e "Maria Joana", mas se abrisse mais espaço, "Dois Animais na Selva Suja da Rua" tinha tudo para ter sido um grande êxito.

"Maria Joana" ganhou arranjo de Rogério Duprat e é a música que fecha *Carlos, Erasmo*. A letra faz uma sutil alusão à maconha. Como ela foi recebida na época?

É óbvio que, para o entendedor, bastava ouvir o "eu quero Maria Joana". Mas era Maria Joana, não marijuana. Eu me lembro que estava gravando essa música no estúdio e pensei que, apesar de liberada pela Censura, ela poderia dar problema. Mas a Censura não se tocou de que essa música poderia ser considerada uma apologia.

A faixa tem a participação da banda Caribe Steel Band, que era um grupo que tocava *steel drum*, a percussão de Trinidad e Tobago. De quem foi a ideia de trazer o grupo para tocar nessa faixa?

O Erasmo quis. Ele sempre dizia: "Um dia quero gravar com *steel drum*". Aí um dia Erasmo chegou e falou: "Sabe aquela ideia de gravar com *steel drum*? Vamos fazer isso com 'Maria Joana'?". Eu já tinha ouvido falar que a Caribe Steel Band estava trabalhando em Santos. Fui até lá, conversei com os caras e levei o técnico de som, Marcos Vinícius, para a gente ver o que fazia em termos de som dentro do estúdio, porque era difícil gravar *steel drum* com as limitações técnicas daquela época.

Eles usavam tambores de gasolina que eram afinados, havia um latão que era o contrabaixo. Levar isso para o estúdio já era um trabalho maluco. Tivemos que pendurar microfone para captar aquilo. Estava tudo pronto quando perguntamos ao Rogério o que ele queria fazer e ele disse que só precisava mesmo do que a gente chamava de "cama de cordas", as cordas para cobrir o que já tinha sido gravado.

Como você vê, mais de 50 anos depois, esses discos com Erasmo?

"Vem Quente Que Eu Estou Fervendo", "O Tremendão" e "O Caderninho" são sucessos dele em uma fase maravilhosa. Mas *Carlos, Erasmo* é o disco de evolução dele, sob todos os aspectos. Não me lembrava de que era tão bom.

Jair Rodrigues

De 1967 a 1971, Manoel Barenbein produziu os compactos e álbuns de Jair Rodrigues. Incluindo músicas de Chico Buarque, Martinho da Vila, Paulinho da Viola, Milton Nascimento e até mesmo Pelé, quase todos foram bem-sucedidos comercialmente. Barenbein conta que era o principal responsável por trazer repertório para Jair, de quem foi amigo até a morte do cantor, em maio de 2014. O produtor também recorda o espetáculo *Dois Na Bossa*, que reuniu Jair e Elis Regina, do qual foi técnico de som.

Você conheceu Jair na época do *Dois Na Bossa* (1965), do qual você foi técnico de som. Como ele foi escolhido para fazer esse show com Elis Regina?

Eu trabalhava com o radialista Walter Silva, o Pica-Pau, nessa época do *Dois Na Bossa*, que na realidade era para ter sido Elis, Zimbo Trio e Wilson Simonal, mas o Zimbo e o Simonal não puderam. Aí Walter bolou a história de uma voz e um violão, seria Elis com Baden Powell. Fui para a gráfica levar os cartazes de rua anunciando o show e voltei para o escritório do Walter, dentro do Teatro Paramount, ali na (Avenida) Brigadeiro Luís Antônio. Eu entrei e o Walter perguntou: "Já rodaram? Já rodaram?". Eu falei: "Não, entreguei agora, ainda vão rodar, acho que à noite ou amanhã". Ele disse: "Para, manda parar tudo!". Baden não iria mais participar.

Walter falou que tinha um jantar com Solano Ribeiro, diretor dos festivais da Record, no Stardust. Solano iria apresentá-lo ao empresário Marcos Lázaro, para ver se Lázaro poderia cuidar da Elis. Quem fazia show naquela hora no Stardust era o Jair. Déia, esposa do Walter, vira e fala assim: "Walter, e se fosse Elis e Jair?". Assim nasceu o *Dois Na Bossa*. Jair tinha carinho por todo mundo, ele se dava com todos. No *Dois Na Bossa*, eu fui assistente de produção e fui técnico de gravação do disco junto com Rogério Gauss.

Quando fui chamado pela Phonogram para ser produtor, já fui direcionado para produzir algumas músicas do Festival da Record de 1967. Uma delas era "Samba de Maria", de Vinicius de Moraes e Francis Hime, cujo intérprete era Jair. E aí a gente foi fazer o primeiro disco juntos, que se chamou justamente *Jair*, com arranjos de Rogério Duprat e Portinho.

Você chegou a comentar publicamente, em uma entrevista para o *Jornal do Brasil* em 1971, que esse disco foi um erro.

Naquele momento, eu estava envolvido com o pessoal da MPB que estava aparecendo: Chico Buarque com "Até Segunda-Feira", Milton Nascimento com "Travessia", Paulo Vanzolini com "Samba Erudito" são alguns exemplos. "Até Segunda-Feira" tem uma história: Chico fez a música, me mostrou pelo telefone, e eu falei "é essa". Isso foi na casa dos pais do Toquinho, no Centro de São Paulo. Mas Chico estava no Rio, não havia como plugar um aparelho no telefone para gravar em 1967. Chico foi cantando para o Toquinho, que escreveu a harmonia e a melodia. Aí levei para o Jair e gravamos.

Até o Pelé apareceu com uma música para esse disco, "Recado à Criança". Jair torcia para o Santos e era amigo do Pelé. Um dia,

> *Até o Pelé apareceu com uma música para esse disco, 'Recado à Criança'. Jair torcia para o Santos e era amigo do Pelé. Um dia, ele me aparece com essa música, perguntando o que eu achava.*

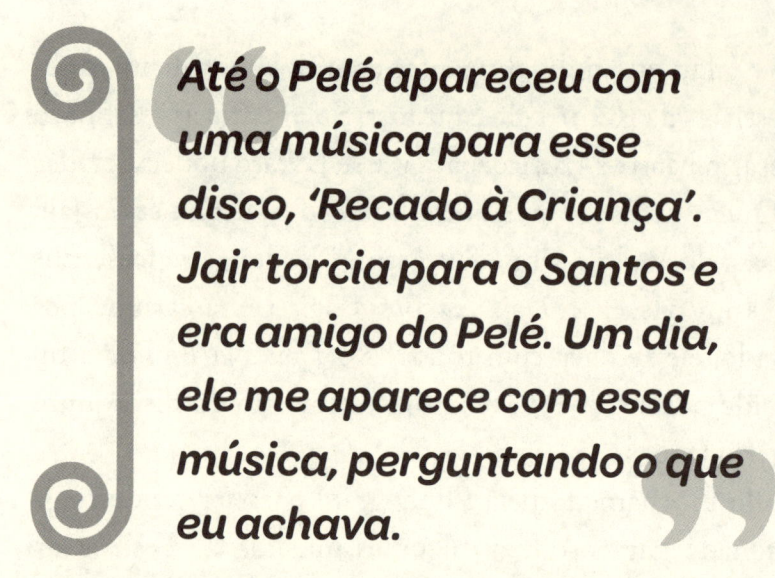

ele me aparece com essa música, perguntando o que eu achava. Eu falei: "Eu acho que tem que gravar, a ideia da música de falar para as crianças é interessante". É curioso que isso foi antes do milésimo gol, que ele dedicou às crianças.

Mas esse disco emperrou comercialmente. Depois eu percebi que eu estava olhando para a frente sem olhar para os lados, fixado em uma coisa que não era ideal para o Jair, apesar de serem ótimas músicas. E aí eu fiquei num mato sem cachorro. Eu precisava manter o sucesso popular do Jair, o respaldo comercial que ele tinha.

E nisso chega para você "Casa de Bamba", de Martinho da Vila.

Olha a coincidência: eu tinha ido na TV Record encontrar o Walter. Ele sabia que eu estava indo para o Teatro Record, no Centro, e pediu para eu dar carona para um rapaz. "Ele tem uma música e vai cantar no festival." Esse moço era o Martinho, que eu não conhecia. Eu encontrei na porta o Corumba, que era empresário do Jair, e entramos os dois para assistir ao ensaio justamente para ver se tinha alguma música boa para o Jair.

Aí anunciaram: "Martinho da Vila, 'Casa de Bamba'". Depois do primeiro refrão, eu olhei para o Corumba, Corumba me olhou e eu falei: "É essa!". Fui correndo esperar o Martinho terminar o ensaio e pedir a autorização de gravação. Corumba já ligou para o Jair, marcamos a gravação e gravamos com acompanhamento dos Originais do Samba. Saiu primeiro em compacto e foi um sucesso que não teve tamanho.

A gente já estava gravando o LP *Jair de Todos os Sambas* (1969) no Rio de Janeiro e pensei em ligar para o Martinho. Eu já tinha o telefone dele e tudo. Falei: "Olha, você está vendo? Eu preciso de outra música tão boa quanto 'Casa de Bamba'". Ele falou que tinha e começou a cantar pelo telefone: "Dinheiro, pra que dinheiro…". Eu falei: "Não precisa cantar mais. Tá fechado. Qual é o nome da música?". Era "Pra Que Dinheiro". E lá fomos nós gravar. Outro sucesso.

Outro grande sucesso de *Jair de Todos os Sambas*, lançado em 1969, é "O Conde", de Jair Amorim e Evaldo Gouveia.

Olha que maravilha esse ano de 1969 para o Jair. Um dia ele aparece: "Tô com uma música do Jair Amorim e do Evaldo Gouvêa que você precisa ouvir. A gente precisa gravar já!". Falei: "Tudo bem, vamos lá". E aí me mostrou "O Conde". Falei: "Tá fechado, vamos embora". O que acabou acontecendo? Nós fizemos três sucessos seguidos, direto.

Falando em termos de posicionamento de carreira, Jair ficou como o sambista da Philips, né? Ele era o artista do samba da Philips, porque cada gravadora tinha o seu sambista, vamos dizer assim, e Jair ocupava essa posição dentro da Philips.

É, pode ser. Não tinha ninguém para chegar perto dele, entendeu?

Você falou de "O Conde", "Pra Que Dinheiro" e "Casa de Bamba", mas em 1970 você coloca Jair para gravar um outro samba que também fez muito sucesso, "Foi Um Rio Que Passou Em Minha Vida", de Paulinho da Viola. Como essa música chegou para você?

Eu voltei do Midem (festival de música), na França, cheguei no Rio de Janeiro e, em todo lugar que eu andava, eu só ouvia "Foi Um Rio Que Passou Em Minha Vida", todo mundo cantando. Eu cheguei na companhia e perguntei: "Escuta, de que escola de samba é essa música aí?". Falaram: "Essa música não é de escola de samba, essa música é do Paulinho da Viola, ele gravou e tá estourado". Eu falei: "Pô, e nós estamos esperando o que para gravar essa música com o Jair?", e a companhia topou.

Jair, nessa época, tinha um nome maior que o Paulinho. Então, em termos de divulgação, de tocar em rádio, Jair foi ultrapassando e virou aquele sucesso do Jair também.

Outro enorme sucesso que você produziu de Jair e foi tema de abertura de novela é "Irmãos Coragem", música de Nonato Buzar e Paulinho Tapajós, que era de um estilo semelhante a "Disparada", grande sucesso do Jair em 1966.

A história é que André Midani já tinha visto no México que a Televisa e outra gravadora tinham uma parceria: essa gravadora lançava os temas das trilhas sonoras da emissora em disco. Aí isso foi proposto para a Globo aqui no Brasil: antes da Som Livre, quem lançava as trilhas de novela era a Phonogram. A Globo ganhava uma porcentagem do valor das vendas dos discos e, no final do programa, subia um cartão dizendo: "As músicas da novela estão gravadas em disco Philips".

Quando apareceu essa música de Nonato Buzar feita especialmente para a abertura, na hora que você ouvia, não tinha dúvida: a lembrança de "Disparada" era óbvia. A novela foi sucesso, a música foi sucesso e o disco da novela foi sucesso.

Jair também gravou nessa época o samba-enredo do Salgueiro "Festa Para Um Rei Negro", mais conhecida como "Pega No Ganzê, Pega No Ganzá", de Zuzuca, que saiu primeiro em compacto e que depois acabou batizando um dos dois discos que Jair lançou em 1971.

Essa tem uma história parecida com a de "Foi Um Rio Que Passou Em Minha Vida". Eu tinha chegado de viagem, era sempre em janeiro que eu ia para o festival do Midem. Voltava e ficava no Rio para colocar as coisas em ordem, conversar com André sobre o que tinha acontecido. E, em todo lugar, essa música era cantada. Aí eu cheguei em uma das reuniões de produção que a gente fazia às segundas-feiras e perguntei: "Essa música 'pega no ganzê, pega no ganzá', alguém já gravou?". Responderam: "Não, ninguém gravou". Aí eu disse: "Por que a gente não grava com Jair?".

Aí veio a história de que ele estava com outra música estourada e eu falei: "Não vai atrapalhar nada, vamos gravar. Outro pode gravar e fazer sucesso, por que não pode ser o Jair?".

Quem fez o acompanhamento na gravação foram Os Originais do Samba. Eles estavam passando o andamento, e o andamento, o ritmo da música, é um reisado, que é um samba diferenciado. Virei para o Mussum (percussionista e humorista, que depois faria sucesso no grupo Os Trapalhões) e falei: "Mussum, escuta, eu não consigo dançar isso aí. Não tem jeito de colocar um andamento...?". E ele respondeu: "Bom, isso é um reisado, é o jeito que a escola tá cantando". Aí mudamos o andamento. Sei que, quando a música foi para a Avenida, a escola de samba (Acadêmicos do Salgueiro) fazia o andamento de reisado e o público cantava no andamento da gravação do Jair. Foi uma loucura.

Você já estava indo embora do Brasil para trabalhar na Itália quando chega uma outra música que fez bastante sucesso na voz do Jair, "O Importante É Ser Fevereiro", que revela um compositor novo, Wando.

Essa o Jair apareceu dizendo: "Escuta, ouvi ontem o samba de um compositor mineiro que é maravilhoso, você precisa ouvir". E me mostrou. E aí descobri que Wando já tinha assinado um acordo de edição com a Vitale. "O Importante É Ser Fevereiro" é um samba extraordinário. Vale lembrar que Wando começou a carreira como sambista. Essa música é uma parceria dele com Nilo Amaro, líder daquele grupo Os Cantores de Ébano. A música foi um sucesso e acabou sendo a última que produzi para Jair nessa época.

Quando Jair comemorou 50 anos de carreira no Auditório Ibirapuera, em 2009, ele gravou o DVD *Festa Para Um Rei Negro* e te chamou para produzir. Como foi esse reencontro artístico com Jair depois de tanto tempo?

Ele simplesmente me ligou e disse assim: "Estou fazendo 70 anos e eu comemoro 50 anos de carreira. Quero você para produzir a parte musical desse show". Quase uma imposição. "Conversa com a Clodine e acerta o seu ganho com ela", ele disse. Eu respondi: "Jair, não estou preocupado com dinheiro, eu quero é fazer". E aí fizemos. No repertório tinha várias dessas músicas que falamos aqui. Jair criou uma bela família. Clodine foi uma esposa maravilhosa e tiveram dois filhos, a Luciana e o Jairzinho, que não tenho o que falar. Eu me dou com Jairzinho do mesmo jeito que eu me dava com Jair. Havia uma empatia enorme entre nós dois.

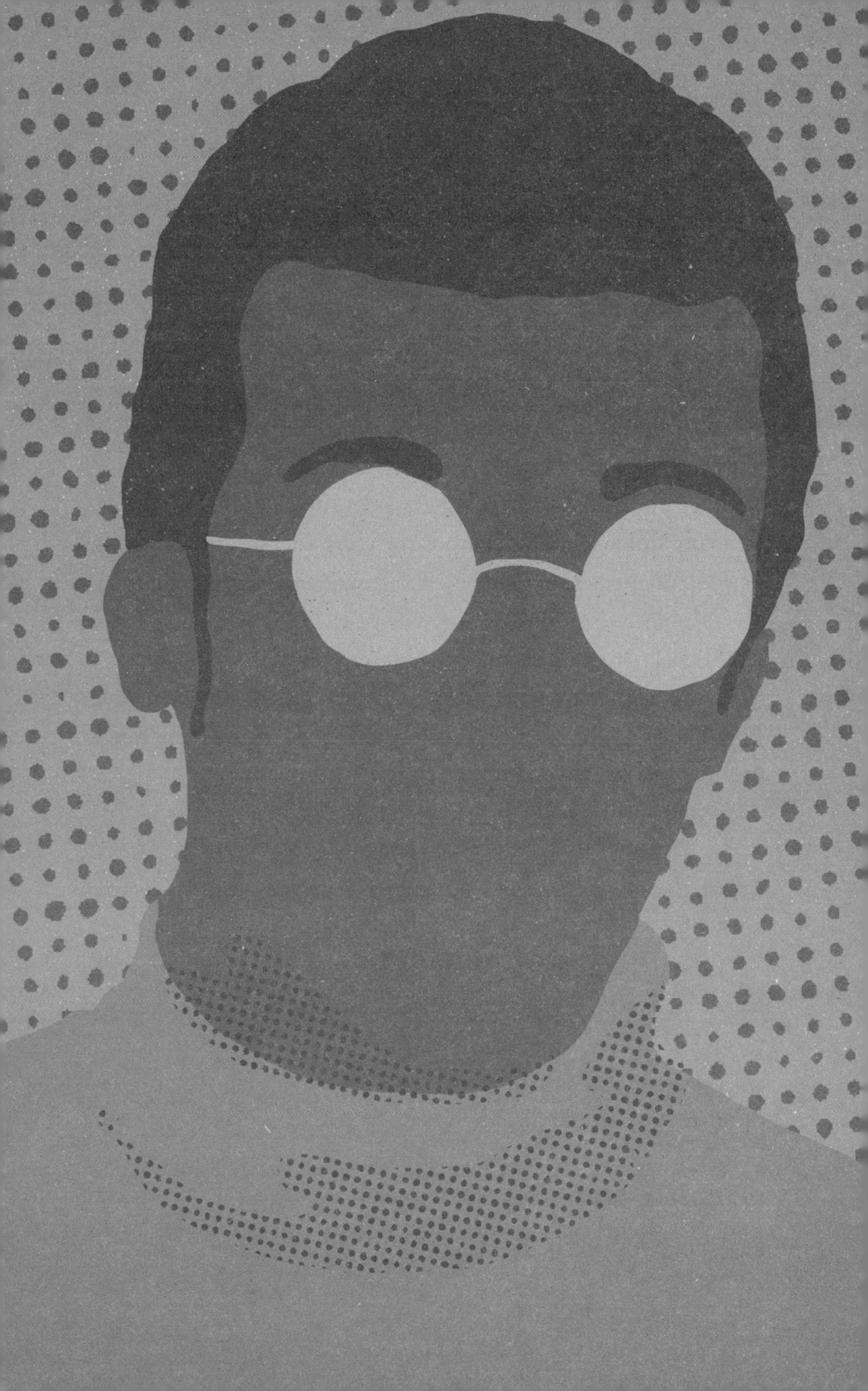

Jorge Ben

Depois de uma estreia antológica com o disco *Samba Esquema Novo* (1963), o sucesso de Jorge Ben foi perdendo impulso. Mas gravações de canções dele por Wilson Simonal, um dos intérpretes mais populares do país, e a conexão com os tropicalistas fizeram com que o cantor e compositor voltasse a ser ouvido em um período no qual criou grandes clássicos. Manoel Barenbein foi um dos responsáveis por trazer Jorge de volta à Companhia Brasileira de Discos, por onde ele lançou os quatro primeiros álbuns.

Sob coordenação do produtor, Jorge gravou os irretocáveis *Jorge Ben* (1969), repleto de hits, e *Força Bruta* (1970), em que foi acompanhado pelo Trio Mocotó, seus companheiros de palco e da noite paulistana.

Como estava a carreira do Jorge antes de você trabalhar com ele?

Nessa época, Jorge encontrou o caminho. O encontro dele com a Tropicália, Caetano, Gil e com os Mutantes deu um gás, porque ele passou por uma fase muito difícil, contraditória. Ele era expoente da MPB, aí participou da Jovem Guarda e foi, simplesmente, colocado de lado. Como se não existisse. É um absurdo o que aconteceu, porque a contribuição que ele deu para a música popular brasileira era mais que importante. Eu só tinha que tomar cuidado. Se eu marcasse um ensaio uma hora da tarde, eu tinha que passar para pegar o Jorge, senão ele não acordava. Esse era o meu maior problema. Jorge cantava no Jogral, uma famosa casa paulistana. Ele ia até altas horas da madrugada e eu tinha que manejar o processo de ele chegar com voz no estúdio, principalmente a voz. Mas era alguém fantástico de trabalhar.

Em 1969, vocês gravaram o disco *Jorge Ben*. Que, aliás, até parece uma compilação, porque é repleto de sucessos. Tem "País Tropical", "Que Pena", "Cadê Tereza" e "Bebete Vambora". Mas você já tinha trabalhado com ele antes em gravações com Caetano, com Gil e com os Mutantes em que ele não era creditado por estar em outra gravadora, a Rozenblit/Mocambo. Aí André Midani, que tinha assumido a presidência da Companhia Brasileira de Discos, onde você trabalhava, pediu que trouxesse de volta o Jorge, porque ele tinha justamente começado nessa companhia em 1963, com *Samba Esquema Novo*. Como foi essa história?

Eu e André nos entendemos desde o primeiro minuto. Eu encontrei nele um presidente que apoiava o que eu fazia e ele encontrou em mim uma pessoa que, como ele disse em entrevista, "a hora que eu pedisse alguma coisa pro Manoel podia ter certeza de que ele ia resolver". Quando ele chegou para mim, eu já tinha começado a trabalhar com Jorge nessas gravações, com terceiros e tudo. André chegou para mim: "Menino, vamos trazer o Jorge Ben de volta?". Eu fui falar com Jorge, aí fomos ver o processo do contrato dele com a Mocambo, e Jorge assinou com a gente.

Aí chegamos nesse disco aqui, simplesmente intitulado *Jorge Ben*, que saiu em dezembro de 1969. Como foi sua reação quando Jorge te apresentou esse repertório extraordinário?

É como se eu tivesse feito um disco *Jorge Ben hits* ou *O melhor de Jorge Ben*. Com sucessos dele e músicas dele que eram sucesso de terceiros. "Cadê Tereza" era dos Originais do Samba, "Charles, Anjo 45" foi gravada pelo Caetano, e "Que Pena", pela Gal. Tem também "Descobri Que Sou Um Anjo", aquela coisa do Jorge Ben romântico.

A origem desse disco, vamos dizer assim, é "Charles, Anjo 45", porque é a primeira música do disco que apareceu publicamente. Inclusive essa versão foi captada durante o IV Festival Internacional da Canção Popular em 1969, no Maracanãzinho. É uma música visionária: a letra fala de um certo "Robin Hood dos morros" e a estrutura melódica da música era muito diferente para a época. Eu queria saber a sua visão como produtor dessa faixa.

É óbvio que há uma diferença da gravação do Jorge para a do Caetano. E essas coisas de o Jorge contar essas histórias, que são do dia a dia. O morro naquele tempo era diferente do morro de hoje. Aquele morro era um morro romântico. Eu subi muito o morro como produtor para ouvir música. E eu ouvi muito comentário: "Como é que Jorge foi buscar uma coisa tão simples – que é o Robin Hood – e conseguiu encaixá-la num ambiente que você não imaginaria?". Não passava pela cabeça de ninguém que existia no morro um Robin Hood, um cara que rouba dos ricos para dar para os pobres. Eu não sei se esse cara existe ou não. Eu não sei. Eu nunca perguntei isso para o Jorge. Ele criou um personagem que, se existe ou não existe, é um personagem ao qual ele deu vida.

Nesse disco, Jorge é acompanhado pelos dois grupos que estavam fazendo shows com ele na época: o Trio Mocotó e Os

Originais do Samba. Como foram definidas as faixas em que cada um ia participar? Isso era definido antes ou dependia de quem estava disponível?

Não. Era pensado antes, dependendo do peso que a música exigia, dependendo da instrumentação que a música exigia. Quando era uma coisa mais leve, era o Trio Mocotó. E quando precisava de um peso rítmico, era com Os Originais, sem dúvida.

E temos em *Jorge Ben* a primeira versão autoral de "País Tropical", que naquela época era um sucesso nacional na leitura de Wilson Simonal. Nessa gravação do Jorge, a mixagem deixou o violão bem em destaque, algo que ocorre muito nas gravações que você fez com ele. E é uma versão muito diferente da versão de Simonal, que tinha aqueles metais, arranjo do Cesar Camargo Mariano.

Jorge faz um violão único. Eu só conheço um que poderia fazer isso, se fosse brasileiro, mas não é: Richie Havens. Eu até um dia sonhei de ter um disco dos dois. Seria o encontro de dois violões, duas guitarras, perfeitos. O violão era a base de tudo, mesmo porque Jorge também percebeu isso e ajudou muito, nas introduções principalmente. Eu tinha que deixar o violão na frente, porque era a marca dele.

Temos que falar também dos arranjadores desse disco. Um deles é José Briamonte, que escrevia muito bem para cordas e metais. Como foi trabalhar com ele nesse disco do Jorge?

Ele era um arranjador brilhantíssimo. É que, com Jorge Ben, o que eu queria dele, era exatamente isso: as cordas do Rogério e os metais do Briamonte.

Rogério Duprat, o arranjador com quem você mais trabalhou nesse período tropicalista, fez os arranjos de duas faixas desse disco do Jorge: "Descobri Que Sou Um Anjo" e "Barbarella". Queria saber exatamente por que essas duas têm o toque do Rogério.

Foi pelo processo do Rogério de fazer a ambientação, do conhecimento dele de trilha de cinema. Descrever aquilo que está acontecendo. Em "Barbarella", é isso. Uma descrição. Entram todos aqueles efeitos, todas aquelas coisas para ambientar.

Como foi o processo de gravação desse disco? Gravava todo mundo junto? Jorge gravava voz e violão e depois entravam os complementos?

É simples: primeiro Jorge e a seção rítmica. E, se possível, já gravava a voz dele. Isso era básico. Aí, depois eu pegava isso e entregava para Rogério e Briamonte.

Aliás, precisamos falar de uma personagem que está bem presente nesse disco e também no *Força Bruta* – outro álbum do Jorge que você produziu – que é a Domingas. Porque Domingas era namorada do Jorge nessa época. Ela é a Domingas, ela é a Tereza, ela é a Domenica. Ela é uma personagem onipresente nesse período da carreira do Jorge. Ele comentava com você sobre ela, que era a mesma pessoa, como era isso?

A gente sabia. Mas eu dificilmente gostava de mexer nas coisas pessoais de cada um. O profissional era nosso. A gente sabia, conhecia, sabia das histórias todas. Mas nunca de "Ôh, fala pra mim aí. Como é que é a Domingas?". Isso nunca existiu. Jorge tem umas coisas... Ele trabalhava no Jogral. Quando sentava uma moça bonita nas mesas da primeira fila, não dava outra. Ele saía do refrão direto para cantar: "Eu quero mocotó. Eu quero mocotó"[4]. E só tinha isso. Só! E mais nada. Um dia, na gravadora, encontro um bilhete: "André quer falar contigo". Tá bom, fui lá. "Menino, acabei de falar com o Boni (José Bonifácio de Oliveira Sobrinho, diretor da TV Globo) e inscrevi uma música nova do Jorge Ben no Festival Internacional da Canção". Perguntei que música nova era. "Ah, aquela música que ele cantou no Midem, no jantar: 'Eu Quero Mocotó'". O André inscreveu o Jorge com uma música que não existia! Só tinha o refrãozinho, que era uma brincadeira.

Fui para o Jorge: "Jorge, você tá no Festival Internacional da Canção, mas você tem que completar 'Eu Quero Mocotó'" (a música tem o título oficial de "Eu Também Quero Mocotó"). André tinha uma cabeça fenomenal. Ele montou toda uma estrutura para fazer uma apresentação do "Mocotó" no festival, só que não era o Jorge que ia cantar. A gente chamou o maestro Erlon Chaves, que eu conhecia desde o *Clube do Guri*, na TV Tupi. André falou que eu ia cuidar do geral da produção e a produção executiva de estúdio ficaria com Wilson Simonal. Ele montou um time para fazer uma música: eu fazendo a supervisão; Simonal fazendo a direção musical; e Erlon cantando. Foi demais a primeira apresentação. Na segunda, ele fez uma coreografia lá e aí o Maracanãzinho inteiro vaiou[5].

---

4   Mocotó era uma gíria usada por Jorge e pelo Trio Mocotó para se referir ao joelho das mulheres da plateia do Jogral.

5   Na segunda apresentação de "Eu Também Quero Mocotó" no evento, foi preparada uma coreografia em que Erlon, negro, era beijado por diversas mulheres brancas. Quando o maestro disse "agora vamos fazer um número quente, eu sendo beijado por lindas garotas. É como se eu fosse beijado por todas aqui presentes", a esposa de um militar teria "pedido providências". Por conta disso, o maestro foi detido por agentes da ditadura militar. O compacto de Erlon estava com quase cem mil discos vendidos numa semana e parou.

Chegamos a *Força Bruta*, disco de 1970. Sei que você tem um grande carinho por ele, o disco todo gravado com o Trio Mocotó – na formação, Fritz Escovão na cuíca, Nereu Gargalo no pandeiro e João Parahyba, o Comanche, na timba. Esse disco também tem a participação do baixista Cláudio Bertrami. Eu queria que você lembrasse o bastidor das gravações, porque a gente sabe que você teve que editar as faixas para caber no disco, já que as versões integrais são longas.

O carinho que eu tenho por esse álbum é porque *Força Bruta* tem um ótimo repertório e a versatilidade de interpretação do Jorge, no violão e cantando. Fora que, se você for olhar faixa por faixa, o que ele faz em cada uma, elas vão crescendo, crescendo, crescendo...

E *Força Bruta* abre com o clássico "Oba, Lá Vem Ela". Dá para ver que é um som bem livre. Tão livre que Jorge chama o tempo todo o Comanche. E, no final, ele cita você: "Tá acabando, Manoel". Você deixou mesmo a gravação correr, né?

Quando você tem um artista tão criativo, com tanta liberdade, você deixa ele trabalhar. Eu estava vivendo uma fase em que as coisas da minha primeira fase discográfica, que eram regras, foram se quebrando. Uma delas era o problema do tempo do disco, que você tinha um limite. No LP, o ideal era ter 18 minutos de cada lado. Fui passando por cima disso, porque quando eu via que o lado ia passar de 20 minutos, tinha que remover uma faixa. Eu preferia tirar uma música e guardar para o próximo disco. Eu considero que esse disco deveria ter o nome de *Oba, Lá Vem Ela* e não *Força Bruta*. Mas Jorge estava muito entusiasmado com *Força Bruta*, a frase para ele era muito importante. Pra mim é "Oba, Lá Vem Ela", porque é uma descrição muito legal de quem vê a pessoa que ele ama ou por quem ele

> *E essas coisas de o Jorge contar essas histórias, que são do dia a dia. O morro naquele tempo era diferente do morro de hoje. Aquele morro era um morro romântico. Eu subi muito o morro como produtor para ouvir música.*

está entusiasmado. Essas coisas que o Jorge descreve, essas ilusões, esse é o Jorge.

Teve ensaio para esse disco entre Jorge e Trio Mocotó?

Eles tocavam juntos toda noite praticamente. Nunca ninguém chegou no estúdio assim: "Dá uma hora pra gente ensaiar porque a gente não ensaiou". Nunca aconteceu. E, se não tivesse ensaiado, é passar uma ou duas vezes e já está certo, porque a concepção está toda pronta. Eles se conheciam, sabiam como tinham que se comportar, onde podiam entrar, onde podiam fazer alguma coisa.

Nessa época, Jorge estava compondo música a torto e a direito, né? Outros intérpretes fizeram muito sucesso com canções dele. No caso do repertório do *Força Bruta*, houve uma peneira antes para ver o que entrava?

Bom, peneira sempre existia porque ele tinha sempre mais músicas do que cabia no LP.

Outra música que fez bastante sucesso do disco *Força Bruta* é "O Telefone Tocou Novamente", em que Jorge, literalmente, atende ao telefone antes de cantar. E é interessante que é uma música sobre uma desilusão amorosa, mas tem um balanço ali.

Tem uma levada e isso de atender ao telefone. Coisa que seria natural na vida, por que não colocar? Por que não fazer assim se o telefone tocou novamente? Para mim, era o natural. Essa música tocou muito, é uma música muito forte e talvez tenha se perdido. Porque no caso do *Força Bruta* não se vendeu uma música, vendeu-se o álbum todo.

***Força Bruta* tem a música "Apareceu Aparecida", em que Jorge toca uma viola, um instrumento que ele não tocava, pelo menos em gravações. Como essa viola apareceu no estúdio?**

Foi ideia dele, porque a música tinha um toque sertanejo, vamos dizer assim. Aí entra a minha função de produtor, de dizer sim ou não. Tá valendo? Não vale? Isso aqui é bom? É ruim? Claro que ficou bom. Quando ele me mostrou, falei: "Não, não tem nem dúvida. Vamos gravar".

"Mulher Brasileira" é outra música de destaque nesse repertório do *Força Bruta*, com um arranjo muito bonito. Não é uma música suingada, mas a gente vê que Jorge se saiu muito bem fazendo essa balada sobre essa mulher brasileira misteriosa.

É aquilo que eu falei do Jorge romântico, onde entra um outro Jorge Ben. Não é o Jorge Ben fazendo aquele ritmo todo, mas se você prestar atenção no violão que ele faz, nas coisas que ele faz com o violão... Do jeito que ele compôs, como que ele deve ter cantado, deve ter sido exatamente isso.

Vamos falar um pouco de "Zé Canjica", a segunda música do lado A do LP *Força Bruta*.

Lembro de "Zé Canjica" mais do que de qualquer uma: lembro de mim entrando no Jogral e vendo o Jorge com o Trio Mocotó no palco. Quando toca isso, eu tenho essa imagem. Poderia ser qualquer outra música, mas esta é a que mais marca para mim, como se eu estivesse entrando no Jogral e vendo eles tocando.

E quando você vai trabalhar na Phonogram na Itália, no fim de 1971, acaba passando o bastão da produção do Jorge para o Paulinho Tapajós, que também produziu vários discos clássicos dele. E parece que, inicialmente, Jorge não queria muito ser produzido pelo Paulinho. Como foi essa história?

Não é que ele não queria ser produzido pelo Paulinho. Ele não queria ser produzido por ninguém a não ser eu. Isso foi difícil. Até a hora em que eu cheguei e falei assim: "Jorge, não tem jeito. Você quer? Vamos para a Itália, então. Vou falar com André que você vai se mudar para a Itália". Aí acabou. Porque não tinha o que fazer. Infelizmente não tinha. Eu também não gostei, eu não gostava da ideia de me separar, mas era uma coisa que eu estava precisando fazer.

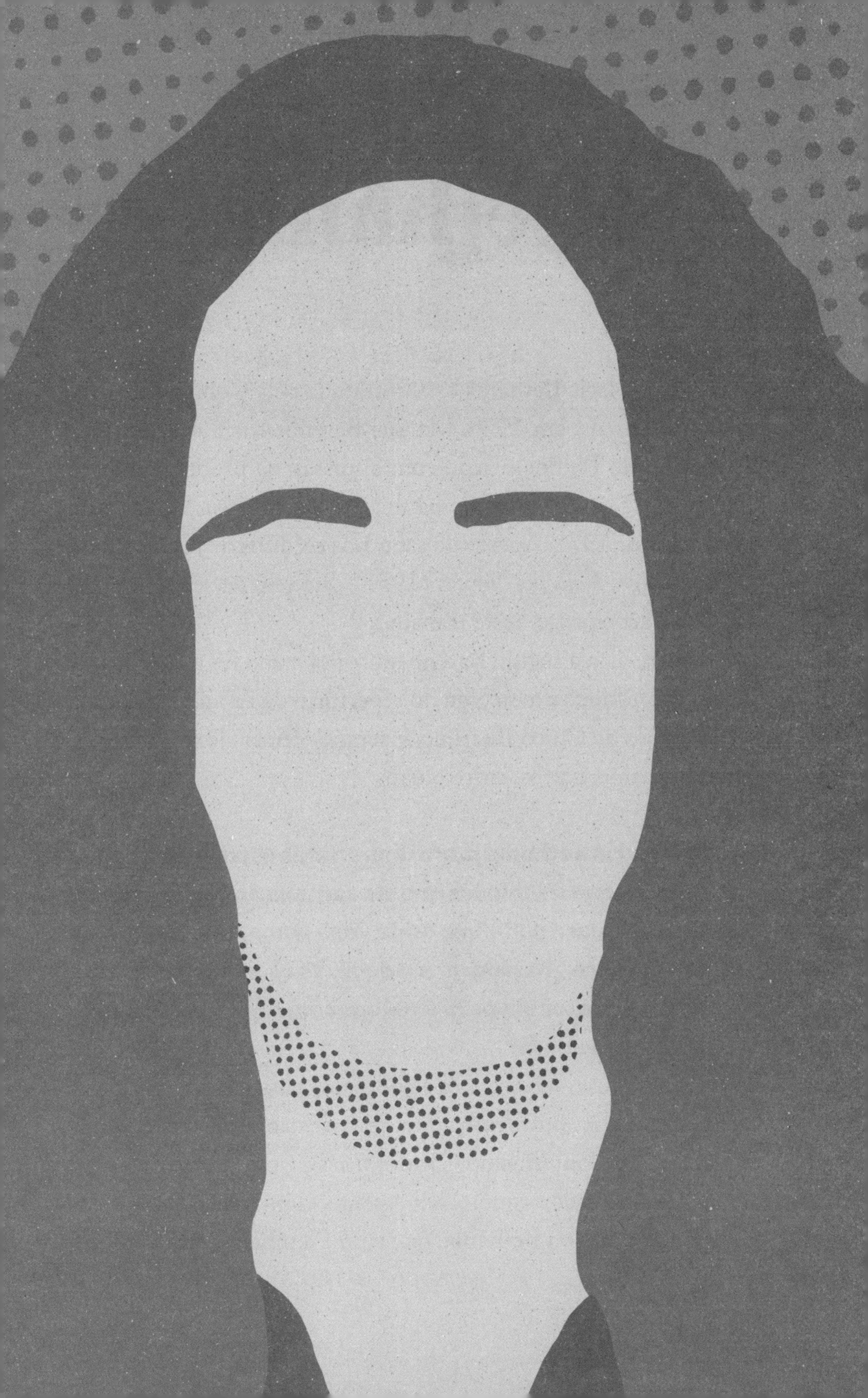

Maria Bethânia

Quando Maria Bethânia foi contratada pela Companhia Brasileira de Discos, em 1970, Manoel Barenbein era o diretor artístico do selo Philips e ficou com a missão de produzir o disco de estreia da cantora na companhia, *A Tua Presença...*, lançado em janeiro de 1971. Apesar de estar nos créditos de produção do álbum ao vivo *Rosa dos Ventos* (1971), que veio na sequência, ele não teve participação neste trabalho.

Na entrevista a seguir, Barenbein conta como foi a chegada de Bethânia à Philips e a escolha do repertório de *A Tua Presença...*, com canções de Chico Buarque, Caetano Veloso, Jorge Ben, Roberto e Erasmo Carlos, entre outros.

Em 1970, Maria Bethânia já era uma grande estrela, consagrada desde "Carcará", música que ela cantava no show *Opinião*. E, antes de ir para a Philips, onde você trabalhava, Bethânia estava em outra gravadora, a Odeon. Você participou dessa transição de trazer ela para a Philips com André Midani, presidente da gravadora?

Não. O que eu sei da época é que o contrato dela com a Odeon tinha terminado. André tinha uma ética de não tirar artista de outra gravadora. Com Erasmo Carlos foi assim, o contrato dele com a RGE acabou e ele assinou com a gente. Com Chico Buarque, a mesma coisa. E com Bethânia, que eu me lembre, também foi assim. André me chamou na sala e disse: "Tem um novo artista para você produzir". E aí pôs em cima da mesa o nome da Bethânia.

Aí fui conversar com ela e conhecê-la melhor. Eu já a conhecia por ela ser irmã do Caetano e por toda aquela convivência que eu tinha com os tropicalistas. Começamos a trabalhar e eu passei dias e dias na casa dela. Eu ia para lá logo depois do almoço e ficava a tarde toda ouvindo música.

E como foi esse primeiro diálogo de trabalho com a Bethânia?

Foi muito fácil, ela sabe o que quer. Principalmente as coisas mais românticas que ela gostaria (de gravar). Aí começamos a agregar coisas do Caetano, logo levei para ela "Rosa dos Ventos", de Chico. Era mais uma coisa assim: "Lembra dessa?"; "Que tal aquela?". Quando ela sugeria alguma música como "Folha Morta", de Ary Barroso, era (sim) na hora.

Antes do disco *A Tua Presença*... sair, duas músicas foram lançadas em compacto, ainda em 1970. No lado A entrou "Mano Caetano", música de Jorge Ben que Bethânia gravou com participação dele e do Trio Mocotó. Como essa música chegou? Por que ela fala justamente do Caetano, irmão da Bethânia, na época exilado.

Eu falei com Jorge do mesmo jeito que falei com Erasmo para a Gal e acabou vindo "Meu Nome é Gal": "Jorge, eu vou fazer um disco da Bethânia e queria uma música tua. Pense em alguma coisa legal aí que você possa fazer". E saiu dele o "Mano Caetano". Eu não acho que Jorge tenha feito essa música com qualquer pensamento político da história. A gente encarou como uma música muito legal que chegou para a gente gravar. E ficou esse balanço maravilhoso que Jorge faz no violão e ela estraçalha, né? É por isso que eu digo: ela é para cima, ela é alegre.

No Lado B desse compacto que antecedeu o disco, entrou uma música do Tião Motorista. Ele compôs esse samba de roda chamado "4 de Dezembro", Dia de Iansã. Foi o próprio Tião quem trouxe essa música para a Bethânia?

Deve ter mostrado para ela. Ela trouxe e eu não tive dúvidas. Tião era uma figura. Contam histórias de que o Tião ia a um centro de candomblé ou de umbanda, não sei qual era. Ele não podia aparecer lá, porque ele ia lá com um gravadorzinho, gravava os temas de umbanda e colocava como música dele. Editava, tudo bonitinho.

A *Tua Presença*... não tem ficha técnica. Você me falou que mandava a ficha para o pessoal do departamento gráfico, mas nem sempre eles colocavam. Então, muita gente que gosta desse disco não sabe quem tocou, quem são os arranjadores. E eu queria que você dividisse com a gente quem são as pessoas que participaram desse disco da Bethânia.

Um dos arranjadores foi Rogério Duprat e o outro foi Cesar Camargo Mariano, do Som Três, que ainda tinha Sabá no baixo e Toninho Pinheiro na bateria. O grupo toca no disco. Além do guitarrista Lanny Gordin, que a gente usava direto em gravações. Era extraordinário o Lanny, para criar e acompanhar[6].

Vamos falar da faixa que abre o disco, "Janelas Abertas Nº 2", uma música que Caetano Veloso fez durante o exílio em Lon-

---

6 Barenbein não se recorda de quem toca violão no disco. Segundo nota da *Folha de S. Paulo* publicada por Artur Laranjeira em 20 de novembro de 1970, a violonista Rosinha de Valença participou do álbum.

> *A Tua Presença... está entre os melhores discos dos quais participei. Eu continuo fã incondicional de Bethânia. Acho que ela está entre as maiores intérpretes do Brasil e quem sabe um dia a gente volta a se encontrar.*

dres e que tem um arranjo bem cinematográfico do Duprat, com letra meio sombria. Por que você escolheu essa música para abrir o lado A do disco?

A gente tem que levar em consideração que é uma música do Caetano que caiu com perfeição para a Bethânia. Ela foi feita em Londres. Na música, você sente a neblina. E Rogério conseguiu fazer um arranjo dando esse aspecto. Aí não dá para separar o maestro da cantora, os dois sabiam o que estavam fazendo. Ela, para interpretar como ela interpreta, e Rogério, para escrever o arranjo do jeito que escreveu. Eu tenho certeza absoluta de que, se Caetano tivesse que escolher um arranjo para gravar esta música, ele escolheria esse do Rogério, porque é a cara dele. Rogério conseguiu colocar Bethânia num texto de Caetano muito forte. E Bethânia não é uma cantora com quem você faz um disco e diz: "A gente abre um disco com a música que vai tocar na rádio, que vai ser a música mais forte do disco". Nada disso! Bethânia é uma intérprete especial, ela tem um público fiel, aquele que sabe que saiu um disco da Bethânia e vai lá comprar.

Temos aqui também nesse disco outras duas músicas de Caetano: "Quem Me Dera", de 1967, e outra inédita também feita em Londres, "A Tua Presença Morena", com arranjo do Duprat, que repercutiu bastante.

É! Tanto que dá título ao disco. É uma música forte, está no meio do disco. Não precisava estar como primeira faixa para que o título do disco fosse *A Tua Presença*.... É uma música que é a cara da Bethânia. Eu não perdia a oportunidade de poder colocar música do Caetano, de poder fazer alguma coisa, de pedir música tanto a ele quanto ao Gil. Apesar da ausência física deles, quando eles estavam no exílio, isso para mim não mudou.

Outra música importante de *A Tua Presença*... é uma regravação de "Jesus Cristo", que já era sucesso com Roberto Carlos. Foi a primeira vez que Bethânia gravou uma música de Roberto e Erasmo e ganhou uma releitura meio psicodélica com a guitarra distorcida de Lanny Gordin. A própria interpretação da Bethânia é diferente da do Roberto.

Ela conseguiu dar uma interpretação diferente, o que não é fácil. Quem gravar uma música do Roberto depois que ele lançou, depois que ele cantou, tem que remar muito para chegar na praia. Ela conseguiu. Ao passar a música, ao ensaiar, a gente já foi seguindo. E quando eu falo "a gente" são os músicos, todo mundo que estava reunido. E Lanny é um dos três grandes guitarristas que o Brasil tem: fez algo que parece não ter nada a ver com a música. Na hora em que ele toca é que você sente que tem a ver.

Temos aqui também "Rosa dos Ventos", música de Chico Buarque que deu título a um show importante da Bethânia em 1971. Logo depois que *A Tua Presença...* foi lançado, esse show entrou em cartaz. Como você apresentou essa música a Bethânia? Você já tinha gravado ela com Chico, não é?

Eu estava fazendo um disco do Chico e essa música estava no repertório. Ele chegou e perguntou se Rogério Duprat poderia fazer o arranjo. Liguei para o Rogério, só que dois dias depois Chico me ligou e disse que pensou melhor e preferia que o Magro, do MPB4, fizesse o arranjo. Um pouco antes de acontecer isso – a gente já estava falando do disco da Bethânia – veio na minha cabeça que essa música poderia ser para ela.

Quando Chico me ligou, eu perguntei: "Posso colocar essa música no disco da Bethânia?". Ele disse: "Claro!". Liguei para o Rogério e falei: "Pelo amor de Deus, não queima o arranjo. Guarda porque eu preciso só tirar o tom. Preciso mostrar a Bethânia e, se ela aprovar, tiramos o tom para você usar este mesmo arranjo, dentro do tom dela, na gravação dela". Mandei a música para ela. O texto que Chico escreveu tem força, a interpretação que ela fez não parece com a que o Chico fez no disco dele, que já tinha saído. Chico canta de uma maneira, ela canta de outra. Esse é o diferencial da Bethânia.

Enquanto Bethânia gravava esse disco, ela estava em cartaz com o show *Brasileiro, Profissão Esperança*, em que dividiu o palco com Ítalo Rossi e era um espetáculo só com músicas da Dolores Duran e do Antônio Maria. Em *A Tua Presença...*, entraram "Se Eu Morresse Amanhã de Manhã", do Maria, e "Olha o Tempo Passando", da Dolores com Edson Borges, que tem um piano bem marcante do Cesar Camargo Mariano.

É mais o piano do Cesar e as cordas que ele escreveu. Ele tem uma sensibilidade de execução ao piano, uma coisa que você sente que ele não faz esforço. É essa suavidade dele que é marcante. É o espírito do samba-canção. Tanto Dolores quanto Antônio Maria escreviam coisas que não eram para cima, alegres. É um gênero de música que a gente chamava até de "dor de cotovelo". Bethânia dá o toque exato, ela não sai do trilho.

Fechando o disco temos "What's New?", um clássico da canção americana. Foi gravada por Billie Holiday, Frank Sinatra, e essa é a única gravação em língua inglesa da carreira de Bethânia. Como essa música entrou no repertório?

Eu sei que a gente estava conversando e, de repente, vem a história de fazer uma música em inglês. Ela, fã de Billie Holiday, foi no "What's New?". A única diferença que a gente teve ali foi que eu sou fã do Sinatra e ela, da Billie Holiday. Foi isso. Nada especial.

A gente falou de *A Tua Presença...*, mas seu nome também está na ficha técnica de *Rosa dos Ventos*, disco ao vivo que a Bethânia lançou ainda em 1971. Você aparece como coordenador de produção e Roberto Menescal, como diretor de produção. O que você fez nesse álbum?

Nada! Quando a gente começou a trabalhar para esse disco, eu já estava arrumando as minhas malas para ir embora para a Itália. Menescal entrou no meu lugar como diretor artístico, sugeri isso ao André Midani. Eu simplesmente estava passando as coisas para ele. Então, o que mais eu fiz foi pegar as coisas que estavam caminhando para Menescal continuar. Ele é o responsável por esse disco. Eu sou fã dele total, mas ele que dirigiu, ele que fez. Foi uma gravação ao vivo que ele coordenou. Eu gostaria muito de ter feito mais coisas com Bethânia, mas não tive oportunidade. *A Tua Presença...* está entre os melhores discos dos quais participei. Eu continuo fã incondicional de Bethânia. Acho que ela está entre as maiores intérpretes do Brasil e quem sabe um dia a gente volta a se encontrar.

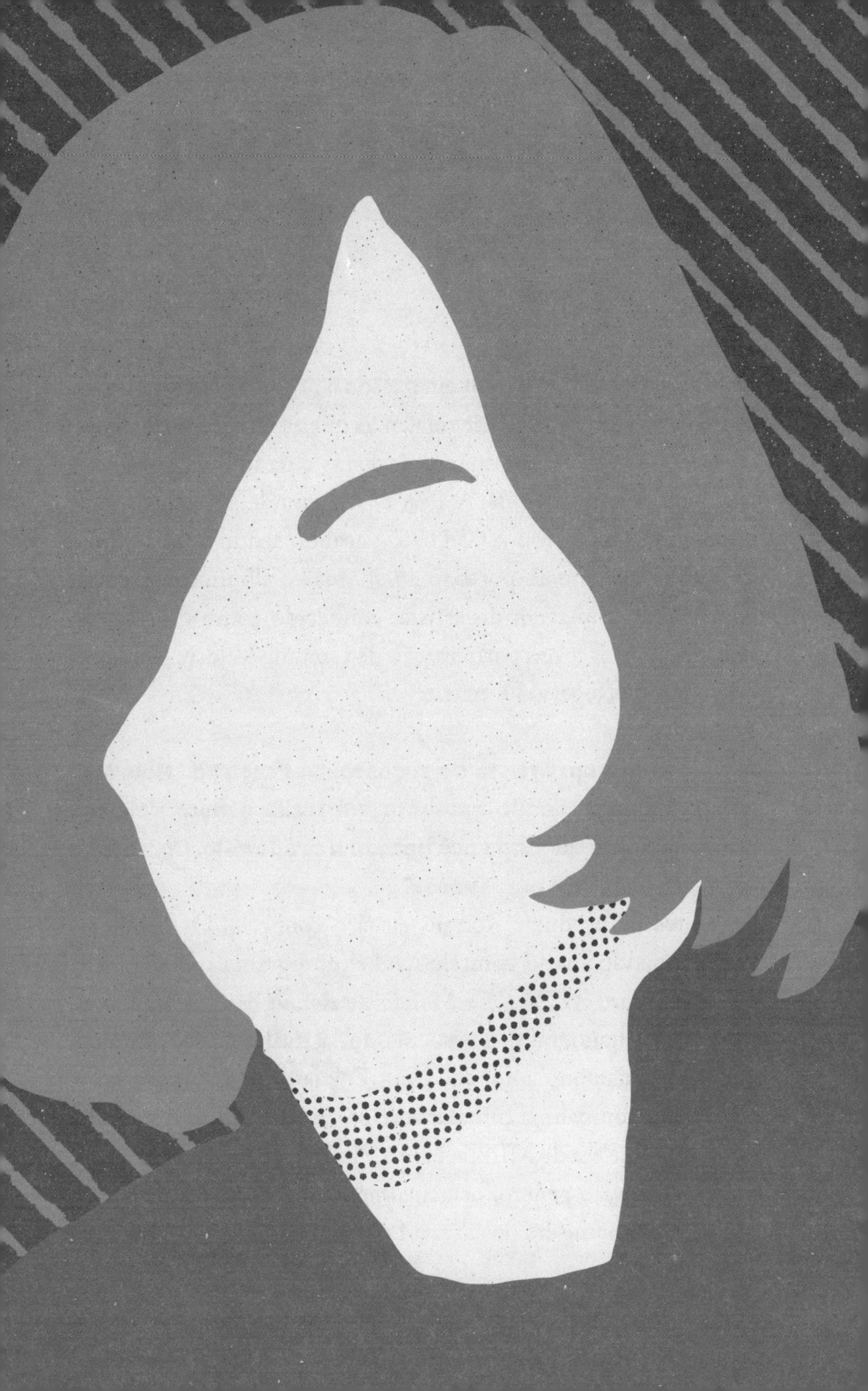

Ronnie Von

Quando Manoel Barenbein passou a produzir Ronnie Von, o cantor já era um sucesso nacional, mas queria fazer algo diferente: ao ver a movimentação dos tropicalistas e da música pop internacional, quis ir além de "A Praça", seu grande sucesso naquele momento. *Ronnie Von Nº 3* (1967) acabou sendo o único disco de Ronnie produzido por Barenbein, mas o álbum foi essencial para mudar a imagem do artista, conhecido como o "Pequeno Príncipe". O LP teve a participação de Caetano Veloso, Mutantes e arranjos de Rogério Duprat.

Ronnie já era um artista de sucesso. "A Praça" e "Meu Bem (Girl)" haviam tocado bastante em rádio e feito dele um nome nacional quando você passou a produzi-lo. Como foi o primeiro encontro entre vocês?

Antes de produzir Ronnie, eu já o conhecia. Os Mutantes já tinham trabalhado com ele naquele programa que ele tinha na TV Record, *O Pequeno Mundo de Ronnie Von*. Quando eu fui para a Phonogram às vésperas do festival de 1967, do qual Ronnie participou cantando "Uma Dúzia de Rosas", de Carlos Imperial, a companhia tinha dois selos principais, Philips e Polydor. Tudo que era de MPB ia para a Philips. O que não era MPB, não importava o gênero, principalmente a área jovem, ia para a Polydor. E Ronnie era do cast da Polydor de São Paulo. Como eu assumi a direção artística em São Paulo, Ronnie virou parte do meu elenco.

Quando chegou o festival, lá fui eu conversar com Ronnie para gravar duas músicas nos três LPs que fizemos com as canções do festival: "Uma Dúzia de Rosas", de Carlos Imperial, e "Belinha", de Toquinho e Vitor Martins. No evento, "Belinha" foi cantada por Wilson Simonal, que não era nosso contratado. Ficou combinado com Alain Trossat, presidente da Companhia Brasileira de Discos, que intérpretes nossos cantariam as músicas que no festival apareceriam nas vozes daqueles que não eram do nosso elenco. Por isso convidei Ronnie para cantar "Belinha".

Essa experiência com Ronnie foi corrida, porque gravei 23 das 36 faixas dos LPs do festival em um mês e meio, e tinha que lidar com outros artistas também. Mas, quando o festival acabou, eu tinha que continuar o trabalho com Ronnie. Quando fomos conversar, ele colocou uma coisa para mim muito legal, mas também muito difícil naquele momento: ele queria fazer algo diferente, não queria mais seguir a linha de "A Praça". Ele queria caminhar do lado do processo do Tropicalismo. Ele estava entusiasmado com Caetano, com Gil... com Mutantes, nem se fala, porque eles iam no programa do Ronnie, eram amigos. Mas eu tinha um problema: não podia pegar um artista que estava dentro de um esquema popular e transformar em tropicalista. Tinha que andar com muito tato, com muita tranquilidade, porque corria o risco de acabar com uma carreira, sabe? E assim foi.

Como foi o processo de produção de *Ronnie Von Nº 3*, o único disco dele que você produziu?

A gente conseguiu fazer um disco que não foi por aquela linha popular que o Ronnie tinha, mas ele conseguiu manter o público dele, o caminho dele, o carisma dele, tudo que ele tinha e carregava consigo. A partir dali, ficou uma coisa mais aberta. E esse disco mostra isso, um Ronnie Von cantando desde "Uma Dúzia de Rosas", do próprio Imperial, até "Pra Chatear", do Caetano Veloso. Tem também "A Filha do Rei", um maxixe de Renato Teixeira. Quem conhece hoje Renato lembra do artista ligado à música sertaneja, mas nessa época ele fazia outras coisas. Tem também uma versão, "Soneca Contra o Barão Vermelho", música feita para o público infantil dele. Esse disco tem muitos detalhes.

"Uma Dúzia de Rosas", que você já citou, foi para o Festival da Record e abre o disco. Mas ao mesmo tempo ela passou despercebida.

Sim, porque era um Ronnie Von diferenciado. Então, "Uma Dúzia de Rosas" não repetiu "A Praça". Foi sucesso, mas não o sucesso de "A Praça". Outra música de destaque do disco é "O Homem da Bicicleta". Um dos autores dela é Olmir Stocker, o Alemão, o mesmo autor de "O Caderninho", que Erasmo Carlos lançou. E os Mutantes fazem a base e os vocais nessa gravação.

A edição original do disco tem capa dupla, mas não há ficha técnica. Então a gente não sabe quem fez os arranjos e quem estava fazendo a base acompanhando Ronnie. Quem foram esses profissionais que trabalharam nessas 14 faixas?

Em "Meu Mundo Azul (Lullaby To Tim)", que tinha sido gravada originalmente pelo The Hollies, e em "O Homem da Bicicleta", os Mutantes o acompanham e os arranjos principais do LP são de Rogério Duprat. Lembro que a gente estava terminando o disco e Ronnie virou para mim e disse: "Manoel, a gente não fez nada de diferente". Eu respondi: "Como não fez nada de diferente?". Aí ele falou: "Não, a gente não fez nada que chama a atenção". Eu fiquei quebrando a cabeça. Ele ia colocar a voz em "Meu Mundo Azul" e eu fui para a técnica. E na técnica me veio uma ideia.

Eu voltei para o estúdio, chamei o técnico e pedi a ele para conectar o microfone do Ronnie no amplificador de guitarra. Aí eu falei: "Agora abre, mas abre também o vibrato". Ele abriu o vibrato e eu falei: "Ronnie, canta agora". E aí é só você ouvir a faixa que você entende: a voz do Ronnie está entrecortada, ela vai falhando. Isto deu uma dor de cabeça para o departamento comercial, porque as pessoas levavam o disco para casa e achavam que estava com defeito, iam reclamar na loja. Mas Ronnie adorou. No final, eu também achei que o resultado ficou muito legal. Quando terminamos de gravar, eu falei: "Pô, ficou muito legal!". Saiu da cabeça maluca na hora, sabe? É isso, esse é o disco do Ronnie Von.

Eu não me lembro de quem fez o arranjo de "Uma Dúzia de Rosas", acho que foi o maestro Portinho. Em "Vamos Falar de Você", que é do Arnaldo Saccomani, quem acompanha Ronnie acho que são os Beat Boys, que estiveram ao lado do Caetano em "Alegria, Alegria". É uma faixa toda declamada pelo Ronnie. "Pra Chatear", Caetano foi gravar com Ronnie e, que eu me lembre, os Beat Boys também estão ali.

Eu conversei com Caetano, ele e Ronnie se conheciam da Record. Ronnie tinha comentado com Caetano que gostaria de gravar uma composição dele e, depois, eu falei com Caetano que seria muito legal que tivesse uma música dele no disco do Ronnie, com ele participando. Ele concordou e saiu "Pra Chatear" que foi, vamos dizer assim, a locomotiva desse disco. Foi a faixa que mais chamou a atenção, pelo encontro inédito dos dois. Foi muito legal, a gravação foi muito simpática, não tivemos nenhum problema. Todo mundo alegre e contente fazendo, com gosto, com alegria.

> **A gente conseguiu fazer um disco que não foi por aquela linha popular que o Ronnie tinha, mas ele conseguiu manter o público dele, o caminho dele, o carisma dele, tudo que ele tinha e carregava consigo.**

O próprio Ronnie, ao longo dos anos, demonstrou que não gostou do resultado do disco. Inclusive tem uma entrevista que ele deu para o jornal *O Estado de S. Paulo* já nos anos 2000 em que fala assim: "Adoro o Manoel, é um ótimo produtor, mas eu não gosto desse disco. Acho que esse disco não era o que eu gostaria de fazer no momento". Ele manifestou isso para você, ele chegou a te falar sobre isso? O que ele queria de fato que acabou não conseguindo?

Não sei. Ele era um artista consagrado e, como falei antes, eu não podia simplesmente virar ele de cabeça para baixo e achar que estava tudo bem. Não estaria. De um lado, estava a carreira dele; do outro, a gravadora. Inverter totalmente a carreira do Ronnie naquela hora, no patamar em que ele estava, era um risco absurdamente total. Ele não era o caso do Caetano, o caso do Gil, que não vinham de grandes sucessos e que, quando fizeram "Alegria, Alegria" e "Domingo no Parque", era como se eles tivessem chegado naquele dia. Não tinha nada no passado deles que os dois pudessem quebrar. Não podia "quebrar" o Ronnie, esse era um problema sério.

Esse disco não foi fácil de produzir exatamente porque eu tinha que ter a cautela de não poder ir para um lado nem para o outro, tinha que ter o lado comercial e a gente foi buscar (o que ele queria). O que acabou acontecendo é que a faixa do Caetano não deixou espaço para praticamente nenhuma outra, era muito forte. Mas uma coisa que não pode ser tirada por ele nem por ninguém é que este disco abriu o caminho para que Ronnie pudesse fazer o que queria nos discos seguintes. Eu gosto muito desse disco. Acho um repertório delicioso de se ouvir... Fiquei ouvindo esses dias antes de a gente fazer essa entrevista e fiquei prestando atenção em coisas das quais a gente ouve e não dá importância.

No ano seguinte, 1968, Ronnie faz o disco que tem "Sílvia 20 Horas Domingo" e "Espelhos Quebrados", já com Arnaldo Saccomani produzindo. Como foi essa passagem de bastão para o Arnaldo produzir o Ronnie?

Arnaldo era meu assistente nesse tempo e ele pegou de cara o caminho do estúdio. Eu produzia 18 discos por ano e precisava que outras pessoas assumissem essas funções, porque era impossível abraçar tudo. Arnaldo não era um iniciante, já tinha dado músicas para o Ronnie gravar. Os dois eram amigos, então foi tudo muito tranquilo. Depois, Arnaldo também passou a produzir os Mutantes.

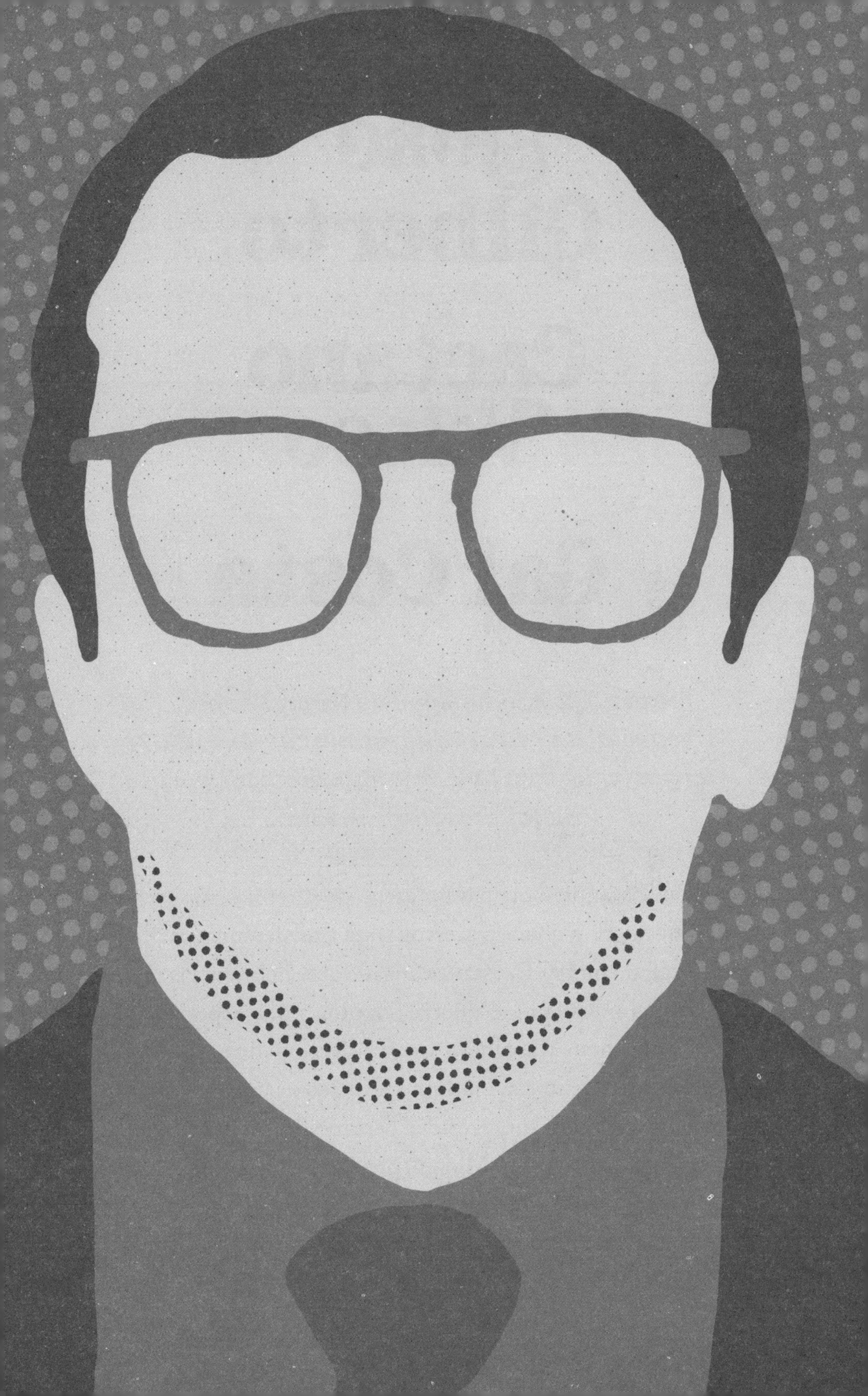

João Gilberto

Caetano Veloso

Gal Costa

Participação especial de Lanny Gordin.
O especial da TV Tupi que reuniu os três em 1971
foi gravado para lançamento em disco, que até
hoje permanece inédito.

Manoel Barenbein ocupava o cargo de diretor artístico nacional da Phonogram quando acertou uma transferência para a Philips da Itália, em 1971. Estava cansado das deficiências técnicas dos estúdios brasileiros e queria ter uma nova experiência. Os artistas com quem trabalhava foram direcionados a produtores como Roberto Menescal, Paulinho Tapajós e Jairo Pires.

Em agosto daquele ano, prestes a deixar o Brasil, Barenbein recebeu uma ligação de André Midani, presidente da Companhia Brasileira de Discos, pedindo que ele coordenasse a gravação do áudio de um especial reunindo João Gilberto, Caetano Veloso (ainda exilado, veio de Londres após um telefonema de João) e Gal Costa para a TV Tupi. O guitarrista Lanny Gordin também participaria.

Estava tudo acertado para que os melhores momentos do programa fossem incluídos em um LP. Barenbein pediu à fotógrafa Cynira Arruda que fizesse imagens no teatro da Tupi, em São Paulo, para ter opções para a capa. O disco chegou a ser montado, mas foi suspenso e nunca teve lançamento oficial. Um material gravado diretamente da televisão foi colocado no YouTube pelo pesquisador Pedro Fontes.

Antes de a gente falar do encontro de João Gilberto com Caetano e Gal, é bom lembrar que, em 1971, você foi trabalhar na Philips da Itália por opção própria. Por que você tomou essa decisão e como se sentiu partindo, deixando não somente o Brasil, mas também os artistas com quem trabalhava?

Tomei a decisão em 1970. Eu estava querendo abrir caminhos. Já estava há quatro anos na companhia e chegou uma hora que eu estava precisando sair, dar um passo adiante. E eu não tinha, claramente falando, chance nenhuma (de crescimento) dentro da companhia, porque eu já estava no primeiro degrau abaixo do André Midani (presidente da gravadora) junto com Jairo Pires (diretor artístico do selo Polydor) e Armando Pittigliani (à frente do departamento de promoção). E o posto do André nem passava pela minha cabeça. Eu o chamava até de segundo pai, porque ele me deu apoio total. Tanto ele quanto Alain Trossat me deram apoio total, mas com André eu convivi mais tempo. Então, eu não tinha espaço e isso ficava dentro da minha cabeça sem ser uma coisa clara. Não era uma coisa clara. Ela começou a clarear no Festival Internacional da Canção, e aí eu criei uma amizade com o presidente da Philips da Europa. A gente um dia foi jantar e eu abri o jogo para ele, disse: "Eu preciso sair, preciso abrir caminhos para mim". "Por que você não vem para a Europa?". "Gostaria". Aí ele sugeriu de eu falar com Trossat, que estava trabalhando na Itália, precisando de uma pessoa de confiança. Liguei, falei com ele, que não acreditou que eu iria até o último minuto.

Tive que conversar com André. Foi um baque, porque ele tinha jogado nas minhas mãos um pacote de coisas importantes. Havia a ligação artista-produtor, que é uma coisa que você não tem como desfazer mudando o canal da televisão. Quando sugeri Roberto Menescal para me substituir, passei o bastão para ele e fiquei seis meses conversando com os artistas. Um me disse: "Manoel, vou sair da companhia. Sem você eu não vou trabalhar".

Eu já estava com tudo preparado, a minha viagem era em setembro e, no meio de agosto, me liga o André: "Manoel, eu preciso de você. Vai ter um evento com a volta do Caetano, só de passagem: Caetano, Gal e João Gilberto juntos. Preciso que você acompanhe a gravação do áudio. Acompanha, me entrega a fita e tudo bem". Aí liguei para o José Scatena, do estúdio Scatena, combinei o empréstimo do equipamento, chamei o técnico João Kibelkstis e montamos o equipamento na Tupi. Obviamente eu tive o maior apoio do Cyro Del Nero, do Álvaro Moya e do Fernando Faro, responsáveis pelo evento.

E esse evento do qual você fala foi um projeto de especial para a TV Tupi, que marcaria a volta do João Gilberto para o Brasil, depois de muito tempo no exterior, e a direção do especial teve a ideia de fazer um encontro dele com Caetano e Gal.

João ia voltar ao Brasil. A TV Globo, quando soube, conseguiu fechar com o João, por meio do Octávio Terceiro, que era empresário, amigo e confidente dele. Trabalhar com João não é coisa simples, então, entraram alguns espinhos no meio da história, e João disse: "Não vou fazer". Cyro, Álvaro e Faro eram três pessoas super conhecidas do Octávio e do João. Eles conversaram com Octávio, que deve ter falado com João, e eles se comprometeram a trazer Caetano, porque eles venderam a ideia de ter Caetano e Gal. Havia uma possibilidade de trazer Caetano para fazer o programa, algum relacionamento que eles tinham com o governo deixou uma luz verde para isso. E lá fomos gravar, eu na posição de coordenador da gravação de áudio e os três dirigindo aquele projeto que é fantástico. Não foi o projeto num espírito da TV Globo, foi um projeto num espírito da Tupi. Se você ouvir a fita inteira, vai perceber quanta coisa nasceu na hora, esse tipo de conversa que cantores têm.

No sábado (7 de agosto, dia do aniversário de Caetano, que completava 29 anos), fomos para o auditório da TV Tupi, no bairro do Sumaré, em São Paulo. Não tinha plateia, somente pessoas que apareceram para dar um abraço. Não era um programa de televisão de plateia. Foi usado apenas o palco. Aí chegamos, montamos todas as coisas, aquele movimento de televisão que a gente conhece. João adorava pingue-pongue e tinha uma mesa de pingue-pongue atrás da cortina do fundo. Ele e Caetano foram jogar. E quem parava os dois? Até que o período de utilização de equipamentos e de disponibilidade da equipe acabou. Terminou o dia e simplesmente não teve gravação. Voltamos no domingo para gravar aquilo que seria no sábado, mas isso ajudou bastante porque teve um pouco mais de ambiente entre eles.

E como surgiu a ideia de fazer um disco desse especial de TV?

Quando André soube que ia ter esse evento, ele correu para o João. Os dois tinham um relacionamento desde o tempo em que estavam na gravadora Odeon. André conversou com João e ele disse: "Põe pra gravar que eu topo". André conversou com Gal e Caetano e, então, me chamou.

E como foi o clima quando Caetano, que estava exilado em Londres, chegou no estúdio da TV Tupi? Você se lembra do impacto da chegada dele?

Eu estava muito emocionado. Foi aquela muvuca, todo mundo querendo abraçar, todo mundo querendo ver, todo mundo querendo apertar a mão. E não eram tietes, era o pessoal que conviveu com ele, profissionais que trabalharam com ele. Muita emoção ver o Caetano naquela hora. E, depois, ainda me senti mais emocionado: olhei para a máquina de gravar e eu estava conduzindo um disco e, depois, ele iria embora.

O disco desse especial da Tupi chegou a ser montado para lançamento, com seis faixas, totalizando 18 minutos de cada lado do vinil. Lembrando que eles tocaram muitas músicas durante a gravação e, por uma limitação de espaço, foi preciso fazer uma edição, que não foi você que conduziu. Você fez a gravação e alguns ajustes para que André e João pudessem selecionar o repertório, além de ter chamado Cynira Arruda para fazer a foto da capa. Vamos começar, então, falando de "Você Já Foi à Bahia", um clássico do Dorival Caymmi que abriria o disco e que tem os três cantando juntos.

Ver os três no palco... João era ídolo. Caetano e Gal, não tenho nem o que falar. Cyro, Álvaro e Faro fizeram um negócio incrível: juntar esses três artistas, dois deles fãs totais do outro. É como eu disse antes: não tinha aquela coisa de Globo, de tudo certinho, tudo bonitinho, volta a gravação. Ficou uma coisa tão intimista, dá essa impressão de que eles estão aqui na minha frente tocando e eu, ali, sozinho, vendo eles. "Você Já Foi à Bahia?" e "Saudade da Bahia", que eles cantaram, têm um sabor totalmente diferente, porque não é qualquer um que está cantando. São três baianos, tem uma afinidade entre eles. Dois vieram depois do número um, esse número um influenciou esses dois. Então, há uma junção de coisas.

A faixa dois do disco seria "Largo da Lapa", um samba de Wilson Batista e Marino Pinto que Carlos Galhardo gravou nos anos 40. Aqui, João e Gal cantam. João sempre gostou de pegar esses sambas antigos e colocar um toque bossa nova neles.

Ele tinha uma facilidade de transformar as coisas, de colocar dentro do espírito dele. E, aí, se você for ouvir a gravação anterior de "Largo da Lapa", é uma outra história, uma outra música. Simplesmente ele coloca dentro da característica dele. Foi um sucesso com Carlos Galhardo e tudo, mas não é uma música como alguma coisa de Noel, que mesmo os mais jovens conhecem. Se alguém ouvir e não souber que essa música é de Wilson Batista, vai dizer que João, Tom Jobim ou alguém de bossa nova compôs. Porque ela está toda centrada dentro do espírito da Bossa Nova.

A faixa que fecharia o lado A do disco é "Coração Vagabundo", música do Caetano no especial. Inclusive foi Gal quem sugeriu de os três cantarem juntos, mas João diz que não sabe a harmonia. E é Caetano quem toca o violão. Uma das raras músicas que João cantou na carreira com outra pessoa o acompanhando.

"Coração Vagabundo" é marca de Caetano e de Gal do primeiro disco deles, *Domingo*, que João Araújo teve a honra de fazer. É um disco maravilhoso, dentro da concepção do que se propôs a fazer, de dois artistas que traziam o pacote da Bossa Nova dentro de si.

A música que abriria o lado B desse disco do especial é "Saudade da Bahia", outra de Dorival Caymmi. Eles iam decidindo o que iam cantar durante o especial na hora? Porque é bem interessante eles cantarem essa música, três baianos que já não moravam mais na Bahia.

Eu estava mais preocupado em acompanhar como estava o som da gravação, mas ouvi algumas conversas deles em que um perguntava: "O que você acha dessa música?"; "E se a gente fizer junto?".

A segunda do lado B seria "Triste Bahia", que Caetano acabou gravando no disco *Transa* (1972). E o álbum do especial seria encerrado com uma versão de "Saudosismo", música de Caetano que no programa de TV foi interpretada por ele e Gal, uma homenagem a João. Era uma faixa ideal para encerrar esse disco.

Você falou tudo: "Saudosismo" é isso. É uma homenagem a João, onde ele pega trechos, textos, frases, palavras que lembram João e a Bossa Nova. Ele já coloca no fim dos anos 1960 o saudosismo dessa época. Já é uma coisa fora do comum compor uma coisa assim, pois ele não está falando dos anos 1930 ou 1940.

Aí acabou a gravação do programa e você saiu de lá com um material que, certamente, daria um disco duplo.

A gente praticamente se despediu, eu, Caetano e Gal, porque não íamos nos ver mais tão facilmente. Eu ia para a Europa. Caetano estava lá. Cheguei e disse que a gente se encontrava lá. Para a Gal, eu disse: "Eu volto". Foi mais ou menos isso. Com João, eu encostei no Octávio Terceiro: "João, estava lindo" foi o máximo que eu podia falar. E foi lindo mesmo. Aí, desmontamos os equipamentos, combinei com João Kibelkstis de irmos para o estúdio no dia seguinte. Fomos montar a fita. Montei e liguei para André, que pediu para eu levar a fita e disse que queria me ver.

Eu fui ao Rio de Janeiro, entreguei na mão dele. André perguntou o que eu tinha achado e eu falei: "André, é maravilhoso. Não sei o que te dizer. É maravilhoso". E aí começa uma história maluca, coisas que a vida mostrou do João Gilberto. André me ligou para dizer: "O João adorou". Depois, o castelo foi caindo, caindo, caindo, e a decisão final das coisas do João era sempre dele mesmo, passou a ser assim depois que ele foi para os Estados Unidos.

Acho que, depois do primeiro impacto de "adorei", veio o perfeccionismo que João tinha. Acho que André poderia, na hora em que ele falou "adorei", dizer: "Vamos escolher as músicas, vamos montar e fazer o disco". Mas eu também não sei qual foi a conversa dele com João. Quem é perfeccionista vai achando probleminha atrás de probleminha e uma hora diz assim: "Não está legal".

Eu ainda torço para que dentro da gravadora alguém tenha a lucidez de chamar os herdeiros do João e convencê-los de que esse é um material que não pode ser guardado numa prateleira. É claro que não é fácil, eu sei a dificuldade de pegar documentação, tudo que tem que levar. Mas alguém tinha que tentar lançar não somente a montagem do LP, mas tudo o que foi gravado. É importante ter esse documento.

Posfácio
por Renato Vieira

Depois de dois anos trabalhando na Phonogram italiana, Manoel Barenbein decidiu voltar ao Brasil e foi recebido de braços abertos por André Midani, que lhe ofereceu o cargo de diretor artístico dos selos Mercury e MGM (o selo Philips estava sob o comando de Roberto Menescal e o Polydor continuava sob a batuta de Jairo Pires) e o comando do departamento internacional. Além de assumir essas novas funções, Barenbein encampou projetos especiais. Um dos mais bem-sucedidos foi um box do Método Yázigi, em que o ouvinte poderia aprender inglês ouvindo fitas cassete com o suporte de um dicionário de inglês-português e desenhos ilustrativos de Juarez Machado.

Outros acertos de Barenbein nesta fase Mercury/MGM foram o lançamento de trilhas de novelas da TV Tupi, a produção de um disco ao vivo de Juca Chaves, *Ninguém Segura Este Nariz*, e a coletânea internacional *Jet Music*. Como não podia recorrer a intérpretes de MPB, que estavam na Philips, nem agregar ao seu cast artistas populares, o segmento da Polydor, Barenbein abriu espaço para brasileiros que cantavam em inglês e se passavam por americanos, com nomes falsos. Um deles era Mark Davis, que fez bastante sucesso e depois seria conhecido como Fábio Jr.

Ao receber um convite tentador de Enrique Lebendiger, presidente da RGE e da editora Fermata, para assumir as produções da gravadora, Barenbein saiu da Phonogram. Lá, montou um cast forte com os artistas nacionais que cantavam em inglês. Nessa época, trabalhou com Chrystian, Jessé (este era conhecido na época como Tony Stevens), Dudu França, que gravava como Joe Bridges e Dave D. Robinson, e o grupo Harmony Cats.

Ao deixar a RGE, Barenbein passou um período como produtor na gravadora Continental, na qual trabalhou em álbuns de Amado Batista, Marlui Miranda, Noite Ilustrada e Waldir Azevedo. No início dos anos 1980, auge do rock brasileiro, ficou desempregado, até ser chamado pelo SBT para conduzir a parte de comerciais do canal de Silvio Santos e posteriormente ficar como o responsável por toda a programação musical da emissora. Uma ideia certeira foi estabelecer parceria com a gravadora Copacabana e montar a compilação *Sertanejo 86*, com faixas de Chitãozinho & Xororó, João Mineiro & Marciano, Teodoro & Sampaio, entre outros. O disco deu impulso à música sertaneja e vendeu milhares de exemplares.

Ainda no SBT, Barenbein vislumbrou que o setor de videoclipes no Brasil poderia crescer após a emissora veicular um especial do cantor português Roberto Leal feito em Portugal, que disputou ponto a ponto a audiência com o programa dominical *Fantástico*, da Rede Globo. Ao lado de dois sócios, montou a produtora audiovisual ABS, tendo como cliente principal a Shell e seu Clube Irmão Caminhoneiro Shell, uma parceria que durou dez anos.

Com o fim da ABS, fez trabalhos esporádicos até ser chamado de volta para o SBT pelo diretor Guilherme Stoliar: ele queria que Barenbein conduzisse o setor de comercialização de discos e as trilhas sonoras da emissora. Como a pirataria estava fechando lojas e prejudicando o mercado, pouco pôde ser feito. Mas o produtor foi chamado para dirigir a transmissão do show de comemoração do aniversário de São Paulo em 2004, tendo como atração principal Caetano Veloso e participação de Jair Rodrigues. Na coletiva de imprensa, Caetano viu seu antigo produtor e declarou: "Olha, o Barenbein está aqui. Ele é a Tropicália". Naquela hora, Barenbein se emocionou.

Chamado para conduzir a direção musical da Record TV, Márcio Antonucci, produtor e integrante da dupla Os Vips, convidou Barenbein para ajudá-lo a cuidar das trilhas sonoras de novelas da emissora, que voltava a investir na teledramaturgia. Além de selecionar o repertório, Barenbein requisitou a artistas como Fafá de Belém, Jair Rodrigues e Milton Nascimento que fizessem registros especiais para as tramas.

Depois de sair da Record TV, com mais de 50 anos dedicados à música, Barenbein decidiu se aposentar. Apesar de ter produzido álbuns de artistas contemporâneos como Gabriel Guerra e Joana Flor, percebeu que o mercado musical havia mudado: o imediatismo e o "sucesso a qualquer preço" passaram a ser mais importantes que o conteúdo. Em fevereiro de 2018, Barenbein e a esposa, Anita, se mudaram para Ma'ale Adumim, em Israel, uma cidade próxima a Jerusalém, onde estão mais perto de filhos e netos.

Em 7 de setembro de 2022, Barenbein completou 80 anos como testemunha privilegiada de momentos gloriosos da música brasileira, eternizados neste livro.

Agradecimentos
Renato Vieira

Ana Basbaum, Chris Fuscaldo, Daniella Zupo, Felipe Caetano (página Tropicália Viva), Gilberto Gil, Flora Gil, Jamira Lopes (página Gal Plural), Juliana Pio, Maria Gil, Lucas Vieira, Malena Oliveira, Luiz Felipe Carneiro, Marcus Preto, Marcelo Fróes, Ricardo Alexandre, Ricardo Schott, Sergio Jomori, Tom Gomes, Thiago Marques Luiz.

Saudações a todos os apoiadores que fizeram este livro se tornar realidade e aos jornalistas Augusto Pio, Danilo Casaletti, Julio Maria, Miguel Arcanjo Prado, Lauro Jardim e Lucas Brêda, que escreveram sobre nossa campanha de financiamento coletivo.

Agradecimentos

Manoel Barenbein

Acima de tudo, obrigado a Hashem (Deus), que me guiou nesta vida e me colocou ao lado das pessoas certas, na hora certa e no lugar certo, em termos pessoais e profissionais.

Aos meus pais, Seu Isaac e Dona Clara (Itzack Aizick e Nechama), que trabalharam duro para dar a mim e minha irmã Rosa educação e exemplos de ética, honestidade e amor ao próximo.

A Anita, minha esposa, companheira de 50 anos, ao meu lado em todos os momentos.

A Daniel (Biniamin) e Alexandre (Chaim Mordechai). Tenho orgulho de chamá-los de meus filhos, que me deram os netos mais lindos do mundo. Agradeço também aos meus cunhados, Helena e Ory, às minhas noras, aos primos, cunhados, sobrinhos e sobrinhos-netos.

Aos meus amigos da coletividade Judaica, especialmente os irmãos Kupferman.

Aos Rabinos Menachem Diezindruck Z"L, Mottel Zajac Z"L, Avraham Zajac, Mottel Malovany e Ruv Horowitch. As palavras da Torá (Bíblia) foram, são e serão sempre muito importantes para mim.

A Walter Silva, o Pica-Pau, que orientou os meus primeiros passos no mundo da música e foi responsável pelo meu primeiro emprego.

A José Scatena, da RGE, um visionário da indústria fonográfica.

A Enrique Lebendiger, da Fermata/RGE, que tinha um faro incrível para descobrir talentos.

Ao meu primeiro presidente na Phonogram, Alain Trossat, cuja frase "Você acredita? Então faça" foi básica para mim.

Ao meu segundo presidente na Phonogram, André Midani, cujos ensinamentos moldaram a minha maneira de trabalhar.

A todos os cantores e compositores com quem tive a honra de trabalhar.

A Armando Pittigliani, Luiz Mocarzel, Júlio Nagib, Aloysio de Oliveira, Roberto Menescal, Jairo Pires, João Carlos Muller, Waldemar Marchetti, Waldemar Jorge Marchetti, Juvenal Fernandes, Luiz Botelho, Orlando Negrão, João Rossini, Guilherme Stoliar, Solano Ribeiro, Tom Gomes, Paulo de Tarso, Arnaldo Saccomani, Hélio Costa Manso, Marcos Silva, Yehuda Schapiro, Paulo Fedato, Marcio "Vip" Antonucci, Wilson Medeiros, Rubinho Barsotti, Amilton Godoy e Luiz Chaves, companheiros de trabalho em estúdios, festivais e emissoras de TV.

Aos maestros e músicos Rogério Duprat, Júlio Medaglia, Damiano Cozzella, Lanny Gordin, Chiquinho de Moraes, Erlon Chaves, Magro, José Briamonte, Cesar Camargo Mariano, Sabá, Toninho Pinheiro, Dirceu Medeiros, Cyro Pereira, Egberto Gismonti, Portinho, Lindolfo Gaya e Daniel Salinas.

Aos engenheiros de gravação Gunther João Kibelkstis, Stélio Carlini, Rogério Gauss, José Carlos Leitão Teixeira, Ary Carvalhaes, Marco Mazzola, Umberto Contardi, Célio Martins, João Pereira, Walter Lima e Marcus Vinicius.

Sem essas pessoas que citei acima, algumas das quais já não estão mais conosco, nada do que conto nos depoimentos deste livro teria acontecido.

Um agradecimento especial a Renato Vieira, criador deste projeto.

Se por acaso me esqueci de alguém, me desculpe.

Esta obra foi impressa em Jenson Pro e Omnes.
Capa em papel Supremo 250g.
Miolo em papel Pólen Bold 70g.
16 cm de largura x 23 cm de altura